1367
PALABRAS
BÁSICAS
en INGLÉS
ILUSTRADAS

Gilda Moreno Manzur

PAX

꙰꙰꙰

EL LIBRO MUERE CUANDO LO FOTOCOPIAN

꙰꙰꙰

Colaboración: Martha Sastrías
Ilustraciones: Alfonso Orvañanos
Diseño y portada: Ana María de la Concha
Producción: Héctor Martínez

© 1991 Editorial Pax México,
      Librería Carlos Césarman, S. A.
      Av. Cuauhtémoc 1430
      Col. Sta. Cruz Atoyac
      México, D. F. 03310
      Teléfono: 5605 7677
      Fax: 5605 7600
      Correo electrónico: editorialpax@editorialpax.com
      Página web: www.editorialpax.com

Quinta reimpresión
ISBN 968-860-364-3
Reservados todos los derechos
Impreso en EE.UU/ *Printed in U.S.A*

ÍNDICE
INDEX

DE VIAJE 6
Traveling

EL BEBÉ 8
The baby

EL CALENDARIO 10
The calendar

EL CLIMA 13
The weather

EL CUERPO 15
The body

EL HOSPITAL 18
The hospital

EL MUNDO ANIMAL 21
The animals

EL RANCHO 25
The farm

EL RESTAURANTE 26
The restaurant

EL TRANSPORTE 29
Transportation

EL ZODIACO 30
The Zodiac

LA BELLEZA 32
Beauty accessories

LA BIBLIOTECA 33
The library

LA CALLE 34
The street

LA CASA 36
The house

LA COMIDA 38
Food

LA ESCUELA 49
School

LA FAMILIA 53
The family

LA JARDINERÍA 55
The garden

LA MÚSICA 57
Music

LA OFICINA 60
The office

LA ROPA 62
Clothes

LA ROPA 64
DE CABALLERO
Gentlemen's clothes

LA ROPA DE DAMA 64
Ladies' clothes

LA SEXUALIDAD 66
Sexuality

LA TIENDA Y EL 67
SUPERMERCADO
The store and the
supermarket

3

ÍNDICE
INDEX

LAS BEBIDAS 68
Beverages

LAS ESTACIONES
DEL AÑO 70
The seasons

LAS FINANZAS 71
Finance

LAS FORMAS 73
Shapes

LAS HERRAMIENTAS 74
Tools

LAS JOYAS 76
Jewelry

LAS SEÑAS (dónde está...) 77
Directions

LOS APARATOS 79
DOMÉSTICOS
Household appliances

LOS APELATIVOS (cómo 81
llamar a ciertas personas)
The appelatives

LOS ARTÍCULOS DE 82
TOCADOR
Toiletries
Toiletris

LOS ARTÍCULOS 84
DEPORTIVOS
Sport articles

LOS ARTÍCULOS 85
DOMÉSTICOS
Household articles

LOS COLORES 88
The colors

LOS DEPORTES 89
Sports

LOS DÍAS FESTIVOS 93
Holidays

LOS ENVASES 94
Containers

LOS GÉNEROS 95
(Ellos y ellas)
Gender

LOS JUGUETES 96
Toys

LOS LETREROS 98
Signs

LOS MATERIALES 99
Materials

LOS MEDIOS DE 101
COMUNICACIÓN
Means of communication

LOS MEDIOS DE 102
COMUNICACIÓN
MASIVA
Media

ÍNDICE

INDEX

LOS MUEBLES 103
Furniture

LOS NÚMEROS 105
Numbers

LOS OFICIOS 108
Occupations

LOS PASATIEMPOS 110
Hobbies

LOS SERVICIOS 112
PÚBLICOS
Public utilities

LOS SERVIDORES 113
PÚBLICOS
Public servants

LOS TAMAÑOS 115
Sizes

NUESTROS 116
ALREDEDORES
Our surroundings
Sourraíndings

ALGUNAS OTRAS 120
PALABRAS ÚTILES EN
INGLÉS
(Y SU PRONUNCIACIÓN)
Some other useful words
in English (and their
pronunciation)

GLOSARIO 133
Glossary

5

Airport
Érport
Aeropuerto

Arrival
Arráival
Llegada

Bus station
Bas stéishon
Estación
de autobuses

Customs
Cóstums
Aduana

Departure
Dipárchur
Salida

Gate
Guéit
Puerta

Duty
Diúti
Arancel

Immigration
Imigréishon
Migración

Luggage,
Baggage
Lógach, Bágach
Equipaje

Overdue,
Delayed
Óuverdiú,
Diléid
Demorado

Overnight case
Óuvernáit kéis
Maletín

Overweight,
Excess baggage
Óuveruéit,
Ecsés bágach
Exceso de
equipaje

Passport
Pásport
Pasaporte

Reservation
Reservéishon
Reservación

Ticket
Tíket
Boleto

Subway station
Sóbuei stéishon
Estación
de metro

Suitcase
Sutkéis
Maleta

Train station
Tréin stéishon
Estación
de ferrocarril

7

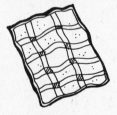

Baby blanket
Béibi blánket
Cobija

Baby bottle
Béibi bátl
Biberón

Baby carriage
Béibi cárriach
Carriola

Baby oil
Béibi óil
Aceite

Baby powder
Béibi páuder
Talco

Bib
Beb
Babero

Bonnet
Bánet
Gorro

Bootie
Búti
Botita

Car chair
Car cher
Silla para
el auto

Changing
table
Chéinyin téibl
Bañera

Cradle
Créidl
Cuna, moisés

Crib
Creb
Cuna

Diaper
Dáiper
Pañal

Formula
Fórmiula
Fórmula

Highchair
Jáicher
Silla alta

Nipple
Nepl
Pezón de
biberón

Pacifier
Pácifaier
Chupón

Potty
Póti
Bacinica

Rubber pants
Róber pants
Calzón de hule

Rattle
Rátl
Sonaja

Stroller
Stróler
Andadera

Training glass
Tréinin glas
Vaso
entrenador

9

Monday	Tuesday	Wednesday	Thursday
Mándei	*Tiúsdei*	*Uénsdei*	*Zdérsdei*
Lunes	Martes	Miércoles	Jueves

Friday	Saturday	Sunday
Fráidei	*Sáturdei*	*Sándei*
Viernes	Sábado	Domingo

January	February	March	April
Yániuari	*Fébruari*	*March*	*Éipril*
Enero	Febrero	Marzo	Abril
May	June	July	August
Mey	*Yun*	*Yulái*	*Ógost*
Mayo	Junio	Julio	Agosto
September	October	November	December
Septémber	*Octóuber*	*Novémber*	*Dicémber*
Septiembre	Octubre	Noviembre	Diciembre

 Morning
Mórnin
Mañana

 Noon
Nun
Mediodía

 Afternoon
Aflernún
Tarde

 Evening
Ívning
Noche

 Night
Náit
Noche
(más tarde)

 Midnight
Mednáit
Medianoche

 Day
Déi
Día

 Week
Uík
Semana

 Fortnight
Fórtnail
Quincena

 Month
Monzd
Mes

 Year
Íer
Año

1900 Century
Cénchuri
2000 Siglo

 Weekend
Uikénd
Fin de semana

 Long weekend
Long uikénd
Fin de semana largo

 Yesterday
Yésterdei
Ayer

 Today
Tudéi
Hoy

Tomorrow
Tumárrou
Mañana

 Following
Fálouin
Siguiente

Last
Last
Anterior, pasado

Next
Necst
Próximo

Cloudy
Cláudi
Nublado

Cold
Cóuld
Frío

Cool
Cul
Fresco

Foggy
Fágui
Neblinoso

Freezing
Frízing
Glacial

Hail
Jéil
Granizo

Hot
Jot
Caluroso

Icy
Áici
Helado

13

Mild
Máild
Templado

Rainy
Réini
Lluvioso

Smoggy
Smógui
Contaminado

Snowy
Snóui
Nevado

Stormy
Stórmi
Tempestuoso

Sunny
Sáni
Soleado

Warm
Uárm
Cálido

Windy
Uíndi
Ventoso

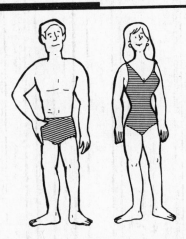

Ankle	Arm	Breast	Chest
Ánkl	*Arm*	*Brest*	*Chest*
Tobillo	Brazo	Seno	Pecho
Finger	Fingernail	Hand	Heel
Fínguer	*Fínguerneil*	*Jand*	*Jil*
Dedo de la mano	Uña de la mano	Mano	Talón
Knee	Navel	Palm	Shin
Ni	*Néivl*	*Palm*	*Shen*
Rodilla	Ombligo	Palma	Espinilla
Stomach	Thumb	Waist	Wrist
Stómak	*Zdomb*	*Uéist*	*Rest*
Estómago	Pulgar	Cintura	Muñeca

Back	Elbow	Feet
Bak	*Élbou*	*Fit*
Espalda	Codo	Pies

Foot	Hip	Leg
Fut	*Jip*	*Leg*
Pie	Cadera	Pierna

Shoulder	Skin	Toe
Shóulder	*Sken*	*Tóu*
Hombro	Piel	Dedo del pie

Toenail
Tóuneil
Uña del pie

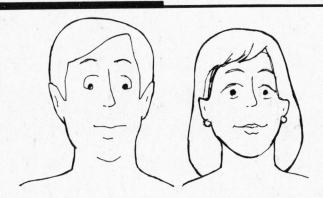

Cheek	Chin	Ear	Eye
Chik	*Chen*	*Íer*	*Ái*
Mejilla	Barbilla	Oreja y oído	Ojo
Eyebrow	Eyelash	Eyelid	Face
Áibrau	*Áilash*	*Áiled*	*Féis*
Ceja	Pestaña	Párpado	Cara
Hair	Head	Lips	Mouth
Jer	*Jed*	*Leps*	*Máuzd*
Cabello	Cabeza	Labios	Boca
Neck	Nose	Teeth	Tongue
Nek	*Nóus*	*Tizd*	*Tong*
Cuello	Nariz	Dientes	Lengua
Tooth			
Tuzd			
Diente			

EL HOSPITAL
The hospital

Alcohol	Analgesic	Antacid
Álcojol	*Analyésic*	*Antácid*
Alcohol	Analgésico	Antiácido
Antihistamine	Aspirin	Iodine
Antiístamin	*Áspirin*	*Áiodain*
Antihistamínico	Aspirina	Yodo

Ambulance
Ámbiulans
Ambulancia

Bandage
Bándach
Venda

Cast
Cast
Vendaje
enyesado

Disinfectant
Disinféctant
Desinfectante

Doctor
Dáctor
Médico

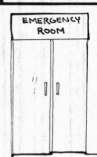

Emergency room
Eméryenci rum
Sala de emergencia

First Aid
Ferst éid
Primeros auxilios

Gauze
Goz
Gasa

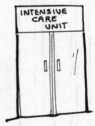

Intensive Care Unit
Inténsiv ker íunit
Unidad de Terapia Intensiva

Nurse
Ners
Enfermera

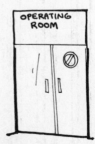

Operating room
Operéiting rum
Quirófano

Orderly
Órderli
Enfermero asistente

Oxygen
Óxiyen
Oxígeno

Recepcionist
Ricépshonist
Recepcionista

Sling
Sling
Cabestrillo

Splint
Splent
Tablilla

Stitch
Stech
Puntada

Surgery
Séryeri
Cirugía

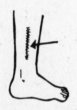

Suture
Síuchur
Sutura

X-Ray
Ex rey
Rayos X

Amphibian	*Amfíbian*	Anfibios

Frog
Frag
Rana

Salamander
Sálamander
Salamandra

Birds	*Berds*	Aves

Chicken
Chíquen
Pollo

Eagle
Ígl
Aguila

Parrot
Párrot
Loro

Turkey
Térqui
Pavo

Fish	*Fesh*	Peces

Shark
Shark
Tiburón

Shrimp
Shremp
Camarón

Swordfish
Suórfesh
Pez espada

Trout
Tráut
Trucha

21

Insects	*Ínsects*	Insectos

Ant
Ant
Hormiga

Bee
Bi
Abeja

Butterfly
Bóterflai
Mariposa

Cockroach
Cácrouch
Cucaracha

Fly
Flái
Mosca

Mosquito
Mosquíto
Mosquito

Moth
Mozd
Polilla

Spider
Spáider
Araña

Mammals

Mámals

Mamíferos

Bull
Bul
Toro

Cat
Cat
Gato

Cow
Cáu
Vaca

Dog
Dog
Perro

Donkey
Dánki
Burro

Elephant
Élefant
Elefante

Horse
Jors
Caballo

Lion
Láion
León

Mouse
Máus
Ratón

Ox
Ax
Buey

Pig
Peg
Cerdo

Ram
Ram
Carnero

Rat
Rat
Rata

Sheep
Ship
Oveja

Tiger
Táiguer
Tigre

Zebra
Zíbra
Cebra

Reptiles   *Réptails*   **Reptiles**

Crocodile
Crócodail
Cocodrilo

Lizard
Lézard
Lagartija

Snake
Snéik
Víbora

Turtle
Tértl
Tortuga

Cattle ranch
Cátl ranch
Rancho
ganadero

Dairy farm
Déiri farm
Granja
lechera

Farmer
Fármer
Granjero

Fertilizer
Fértiláizer
Fertilizante

Fruit orchard
Frut órchard
Huerto

Irrigation
Irriguéishon
Riego

Plantation
Plantéishon
Plantación

Harvest
Járvest
Cosecha

Picker
Péker
Cosechero

Plow
Pláu
Arado

Sowing
Sóuing
Siembra

Seeds
Sids
Semillas

Tree
Tri
Árbol

EL RESTAURANTE
The restaurant

Bowl
Bóul
Tazón

Busboy
Bósboi
Ayudante de mesero

Tray
Trey
Bandeja

Butter knife
Báter náif
Cuchillo para mantequilla

Cashier
Cashíer
Cajero

Check
Chek
Cuenta

Chef
Chef
Jefe de cocina

Cook
Cuc
Cocinero(a)

Cup
Cap
Taza

Fork
Fork
Tenedor

Headwaiter
Jéduéiter
Capitán de
meseros

Ice bucket
Áis bóket
Hielera

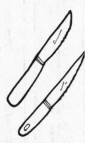

Knife
Náif
Cuchillo

Steak knife
Stéik náif
Cuchillo para
cortar carne

Menu
Méniu
Menú

Napkin
Nápkin
Servilleta

Order
Órder
Orden

Plate
Pléit
Plato

Pepper pot
Péper pot
Pimentero

Salt shaker
Solt shéiker
Salero

27

Reservation
Reservéishon
Reservación

Salad bar
Sálad bar
Barra de
ensaladas

Saucer
Sócer
Platillo

Soup spoon
Sup spun
Cuchara
sopera

Spoon
Spun
Cuchara

Sugar bowl
Shúgar bóul
Azucarera

Table
Téibl
Mesa

Tablecloth
Téibl clozd
Mantel

Teaspoon
Tíspun
Cuchara
para el café

Waiter
Uéiter
Mesero

Waitress
Uéitres
Mesera

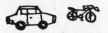

Airplane
Érplein
Avión

Bicycle
Báicicl
Bicicleta

Boat
Bóut
Barco

Bus
Bas
Autobús

Camper
Cámper
Remolque

Car
Car
Automóvil

Motorcycle
Mótorsáikel
Motocicleta

Motor scooter
Mótor scúter
Motoneta

Pick up
Pek ap
Camioneta

Ship
Shep
Buque

Subway
Sábuei
Transporte
subterráneo,
metro

Train
Tréin
Ferrocarril

Trolley
Tróli
Trolebús

Truck
Trok
Camión

EL ZODIACO
The Zodiac

Aries
Éries
Aries

Aquarius
Acuérius
Acuario

Cancer
Cáncer
Cáncer

Capricorn
Cápricorn
Capricornio

Gemini
Yémini
Géminis

Leo
Lío
Leo

Libra
Líbra
Libra

Pisces
Páisis
Piscis

Sagittarius
Sayitérius
Sagitario

Scorpio
Scórpio
Escorpión

Taurus
Tórus
Tauro

Virgo
Vérgo
Virgo

LA BELLEZA
Beauty accessories

Compact
Cómpact
Polvera de
bolsillo

Eyelash liner
Áilash láiner
Delineador

Hair dye
Jer dái
Tinte para el
cabello

Lipstick
Lépstek
Lápiz de labios

Makeup
Méikap
Maquillaje

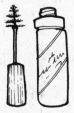

Mascara
Mascára
Máscara para las
pestañas

Nail polish
Néil pólish
Barniz de uñas

Nail polish
remover
Néil pólish rimúver
Quitaesmalte

Perfume
Pérfium
Perfume

Rouge
Rush
Colorete

Book
Buk
Libro

Bookshelf
Búkshelf
Estante

Fact
Fact
No ficción

Fiction
Fícshon
Ficción

Fine
Fáin
Multa

Librarian
Laibrérian
Bibliotecaria(o)

Library card
Láibrary card
Tarjeta
de biblioteca

Overdue
Óuverdiú
Retrasado

Periodical
literature
*Periódical
líterchur*
Publicaciones
periódicas

Reference
section
Réferens sékshon
Sección de
consulta

Block
Blok
Cuadra

Corner
Córner
Esquina

Crosswalk
Crósuok
Cruce
peatonal

Gutter
Gáter
Alcantarilla

Handicapped
area
Jándicapd éria
Área para
minusválidos

Hospital zone
Jóspital zóun
Zona
de hospital

Hydrant
Jáidrant
Toma de agua

Manhole
Mánjoul
Boca de acceso

No Left Turn
No left tern
No hay vuelta
a la izquierda

No Parking
Zone
No párking zóun
Estaciona-
miento
prohibido

No Passing
No pásing
No rebasar

No Right Turn
No ráit tern
No hay vuelta
a la derecha

Ramp
Ramp
Rampa

School zone
Scul zóun
Zona escolar

Sidewalk
Sáiduok
Acera

Speed limit
Spid límit
Límite de
velocidad

Street sign
Strit sáin
Letrero

Through street
Zdru strit
Calle de
preferencia

Yield
Yild
Dar preferencia

Traffic circle
Tráfic círcl
Glorieta

Traffic light
Tráfic láit
Semáforo

4 Way Stop
For uéi stop
Alto total

35

LA CASA
The house

Attic
Átic
Ático

Basement
Béisment
Sótano

Bathroom
Bázdrum
Baño

Bedroom
Bédrum
Recámara

Ceiling
Cíling
Techo

Closet
Clóset
Armario

Dining room
Dáining rum
Comedor

Door
Dor
Puerta

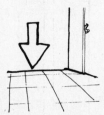

Floor
Flor
Piso

Game room
Guéim rum
Sala de juegos

Garage
Garách
Cochera

Guest room
Guest rum
Cuarto de invitados

Kitchen
Kítchen
Cocina

Laundry room
Lóndri rum
Cuarto de lavado

Living room
Léving rum
Sala

Picture window
Píkchur uíndou
Ventana panorámica

Roof
Ruf
Techo

Sliding door
Sláiding dor
Puerta corrediza

Studio
Stúdio
Estudio

Wall
Uól
Pared

Window
Uíndou
Ventana

LA COMIDA
Food

Bread

Bred

Pan

- Black bread
  Blak bred
  Pan moreno/negro

- Cracker
  Cráquer
  Galleta

- Rye bread
  Rái bred
  Pan de centeno

- Toast
  Tóust
  Pan tostado

- White bread
  Juáit bred
  Pan blanco

- Whole wheat bread *Jóul juít bred* Pan integral

Cereal

Círial

Cereal

- Bran
  Bran
  Salvado

- Corn flakes
  Corn fléiks
  Hojuelas de maíz

- Oatmeal
  Óutmil
  Avena

Cold cuts

Cóuld cats

Carnes frías

- Bacon
  Béicon
  Tocino

- Bologna
  Boloña
  Mortadela

- Ham
  Jam
  Jamón

- Hot dog
  Jot dog
  Salchicha

- Sausage
  Sósach
  Embutido

38

Condiments   *Cóndiments*   Condimentos

Allspice	Basil	Bay leaves	Cinnamon	Clove	Garlic
Ólspáis	*Béisel*	*Béi livs*	*Cénamon*	*Clóuv*	*Gárlic*
Pimienta inglesa	Albahaca	Hojas de laurel	Canela	Clavo	Ajo

Ginger	Mustard	Nutmeg	Oregano	Paprika
Yínyer	*Mástard*	*Nátmeg*	*Órigan*	*Papríka*
Jengibre	Mostaza	Nuez moscada	Orégano	Pimentón

Pepper	Sage	Salt	Sugar	Thyme	Vanilla
Péper	*Séich*	*Solt*	*Shúgar*	*Zdáim*	*Vanéla*
Pimienta	Salvia	Sal	Azúcar	Tomillo	Vainilla

Dairy products   *Déiri pródocts*   Productos lácteos

- Butter
Bárer
Mantequilla

- Cheese
Chís
Queso

• Cottage cheese	• Cream	• Cream cheese	• Margarine	• Milk
Cótach chís	*Crim*	*Crim chís*	*Máryerin*	*Melk*
Requesón	Crema	Queso crema	Margarina	Leche

• Parmesan cheese	• Swiss cheese	• Yellow cheese
Pármesan chís	*Suís chís*	*Yélou chís*
Queso parmesano	Queso suizo	Queso amarillo

39

Desserts   *Disérts*   Postres

Cake
Kéik
Pastel

Chocolate
Chácleit
Chocolate

Cookie
Cúki
Galleta dulce

Custard
Cástard
Flan

Donut
Dánut
Dona

Ice cream
Áis crim
Helado

Peanut butter
Pínot bárer
Crema de
cacahuate

Pie
Pái
Tartaleta

Pudding
Púding
Budín

Sherbet
Shérbet
Nieve o
sorbete

Fruits · *Fruts* · Frutas

Almond
Álmond
Almendra

Apple
Ápl
Manzana

Apricot
Éipricot
Chabacano

Banana
Banána
Plátano

Cashew
Cáshu
Nuez de
la India

Cherry
Chérri
Cereza

Grape
Gréip
Uva

Grapefruit
Gréipfrut
Toronja

41

Lemon
Lémon
Limón

Lime
Láim
Limón agrio

Mango
Mángou
Mango

Melon
Mélon
Melón

Nut
Nat
Nuez

Orange
Óranch
Naranja

Peach
Pich
Durazno

Peanut
Pínat
Cacahuate

Pear
Per
Pera

Pecan
Pícan
Nuez lisa

Pineapple
Páinápl
Piña

Plum
Plam
Ciruela

Prune
Prun
Ciruela pasa

Raisin
Réisin
Pasa

Raspberry
Rásberri
Frambuesa

Strawberry
Stróberri
Fresa

Tangerine
Tányerin
Mandarina

Watermelon
Uarermélon
Sandía

Grains · *Gréins* · Granos

Barley	Lentil	Lima bean
Bárli	*Léntl*	*Láima bin*
Cebada	Lenteja	Haba

Oat	Rice	Rye	Wheat
Óut	*Ráis*	*Rái*	*Juít*
Avena	Arroz	Centeno	Trigo

Meat · *Mit* · Carne

Beef	Hamburger
Bif	*Jámburguer*
Res	Hamburguesa

Lamb	Pork	Veal
Lamb	*Pork*	*Vil*
Cordero	Puerco	Ternera

Oil · *Óil* · Aceite

Linseed oil	Olive oil
Lénsid óil	*Óliv óil*
Aceite de linaza	Aceite de oliva

Shortening
Shórtning
Manteca

Safflower oil	Sunflower seed oil
Saffláuer óil	*Sánfláuer sid óil*
Aceite de cártamo	Aceite de girasol

44

Macaroni
Macarróni
Macarrón

Noodle
Núdl
Fideo

Spaghetti
Spaguéri
Fideo largo,
spaghetti

Poultry	*Póltri*	Aves

Chicken
Chéken
Pollo

Duck
Dak
Pato

Hen
Jen
Gallina

Quail
Cuéil
Codorniz

Turkey
Térki
Pavo

![fruit and food icons]

Seafood — *Sífud* — Mariscos

Fish
Fesh
Pescado

Lobster
Lábster
Langosta

Oyster
Óister
Ostión

Salmon
Sálmon
Salmón

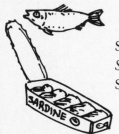
Sardine
Sárdain
Sardina

Shrimp
Shremp
Camarón

Squid
Scuéd
Calamar

Tuna
Tíuna
Atún

46

Asparagus
Aspáragos
Espárrago

Avocado
Avocádóu
Aguacate

Bean
Bin
Frijol

Carrot
Cárrot
Zanahoria

Celery
Céleri
Apio

Coriander
Coriánder
Cilantro

Corn
Corn
Maíz

Eggplant
Eg plant
Berenjena

Lettuce
Léros
Lechuga

Mushroom
Máshrum
Champiñón

47

Onion
Ónion
Cebolla

Pepper
Péper
Pimiento

Potato
Potéiro
Papa

Pumpkin
Pámkin
Calabaza

Radish
Rádish
Rábano

Spinach
Spénach
Espinaca

Squash
Scuásh
Chayote

String bean
Streng bin
Ejote

Tomato
Toméiro
Tomate

Zucchinni
Zuquíni
Calabacín

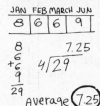

Average
Áverech
Promedio

Blackboard
Blákbord
Pizarrón

Chalk
Chok
Tiza

Bulletin board
Bóletin bord
Pizarra de
anuncios

Classroom
Clásrum
Salón de clase

Co-ed
Co-ed
Escuela mixta

Counseling
Cáunseling
Orientación

Desk
Desk
Pupitre

Examination
Examinéishon
Examen

Fail
Féil
Reprobación

File
Fáil
Registro
académico

Freshman
Fréshman
Primer año
universitario

Grade
Gréid
Calificación

Graduation
Graduéishon
Graduación

Home
economics
Jóum Económics
Economía
doméstica

Home room
Jóum rum
Salón asignado
a un grupo

Homework
Jóumuérk
Tarea

Junior
Yúnior
Tercer año
universitario

Laboratory
Láboratori
Laboratorio

Library
Láibrary
Biblioteca

Monitor
Mónitor
Alumno
monitor

Notebook
Nóutbuk
Cuaderno

Pass
Pas
Aprobación

P.E.
Pí-i
Educación
física

Play yard
Pléi yard
Patio de
juegos

Principal
Príncipal
Director(a)

Prom
Prom
Baile de
graduación

Ruler
Rúler
Regla

School year
Scul íer
Año escolar

Senior
Sínior
Cuarto año
universitario

Shop
Shop
Taller

Sophomore
Sófmor
Segundo año
universitario

Student
Stiúdent
Estudiante,
alumno

Subject
Sóbyect
Materia

Teacher
Tícher
Profesor(a)

School levels   *Scul lévels*   **Niveles escolares**

Day care center	Kindergarten	Primary	Elementary
Déi ker cénter	*'Kindergárten*	*Práimari*	*Eleméntari*
Jardín de niños	Preprimaria	Primaria	Grados 1 al 6
Junior High	Senior High	College	University
Yúnior Jái	*Sínior Jái*	*Cólech*	*Iunivérsiti*
Grados 7, 8 y 9	Grados 10, 11 y 12	Escuela superior	Universidad

Aunt	Boyfriend	Brother	Brother-in-law
Ant	*Bóifrend*	*Bróder*	*Bróder-en-lo*
Tía	Novio	Hermano	Cuñado
Child	Children	Cousin	Dad
Cháild	*Chíldren*	*Cósin*	*Dad*
Hijo(a)·	Hijos(as)	Primo(a)	Papá
Daugther	Daughter-in-law	Father	Father-in-law
Dóter	*Dóter-en-lo*	*Fáder*	*Fáder-en-lo*
Hija	Nuera	Padre	Suegro
Fiance	Fiancee	Girlfriend	Godchild
Fiancéi	*Fiancéi*	*Guérlfrend*	*Gódcháild*
Prometido	Prometida	Novia	Ahijado(a)
Goddaughter	Godfather	Godmother	Godson
Góddóter	*Gódfáder*	*Gódmóder*	*Gódson*
Ahijada	Padrino	Madrina	Ahijado

Grandchild	Grandchildren	Granddaughter	Grandfather
Gráncháild	*Gránchíldren*	*Grándóter*	*Gránfáder*
Nieto(a)	Nietos(as)	Nieta	Abuelo

Grandmother	Grandparents	Grandson	Husband
Gránmóder	*Gránpérents*	*Gránsón*	*Jósband*
Abuela	Abuelos	Nieto	Marido

Mom	Mother	Mother-in-law	Nephew	Niece
Mom	*Móder*	*Móder-en-lo*	*Néfiu*	*Nís*
Mamá	Madre	Suegra	Sobrino	Sobrina

Parents	Sister	Sister-in-law	Son	Son-in-law
Pérents	*Séster*	*Séster-en-lo*	*Son*	*Son-en-lo*
Padres	Hermana	Cuñada	Hijo	Yerno

Stepchild	Stepdaugther	Stepfather	Stepmother
Slépcháild	*Slépdóter*	*Slépfáder*	*Slépmóder*
Hijastro(a)	Hijastra	Padrastro	Madrastra

Stepson	Uncle	Wife
Stépson	*Óncl*	*Wáif*
Hijastro	Tío	Esposa

Bush
Bush
Arbusto

Fence
Fens
Cerca

Flower
Fláuer
Flor

Gardener
Gárdener
Jardinero

Gate
Guéit
Puerta

Grass
Gras
Pasto

Hoe
Jóu
Azadón

Hose
Jóus
Manguera

Insecticide
Inséctisaid
Insecticida

Lawn
Lon
Césped

Lawn mower
Lon móuer
Podadora

Pick
Pek
Pico

Plant
Plant
Planta

Rake
Réik
Rastrillo

Seed
Sid
Semilla

Shears
Shíers
Tijeras para jardín

Shovel
Shóuvel
Pala

Sprinkler
Sprínkler
Rociador

Tree
Tri
Árbol

Wheelbarrow
Juíl bárrou
Carretilla

Instruments	*Ínstruments*	Instrumentos

Accordion
Acórdion
Acordeón

Banjo
Bányo
Banjo

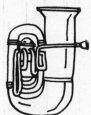

Bass
Bas
Bajo

Cymbals
Címbals
Timbales

Drums
Droms
Batería

Guitar
Guitár
Guitarra

Harp
Jarp
Arpa

Keyboard
Kíbord
Teclado

57

Percussion
Percúshon
Percusión

Piano
Piáno
Piano

Saxophone, sax
Sáxofoun
Saxofón

String
Streng
Cuerda

Trombone
Trómboun
Trombón

Trumpet
Trómpet
Trompeta

Wind
Uénd
Instrumento de viento

Tuba
Tuba
Tuba

Violin
Váiolin
Violín

Music types | *Míusic táips* | Tipos de música

Ballad	Blues	Classical	Country
Bálad	*Blus*	*Clásical*	*Cántri*
Balada	Blues	Clásica	Campirana
Disco	Heavy metal	Jazz	Rock
Dísco	*Jévi métal*	*Yaz*	*Rak*
Disco	Metal pesado	Jazz	Rock

Music terms | *Míusic terms* | Terminología musical

Band	Conductor	Duet	Lyrics
Band	*Condóctor*	*Dúet*	*Lírics*
Banda	Director	Dueto	Letra
Melody	Musician	Orchestra	Score
Mélodi	*Miusíshan*	*Órquestra*	*Scor*
Melodía	Músico	Orquesta	Partitura
	Singer	Trio	
	Sínguer	*Trío*	
	Cantante	Trío	

59

LA OFICINA
The office

Account
Acáunt
Cuenta

Boss
Bos
Jefe

Coffee break
Cófi bréik
Descanso
para café

Computer
Compiúter
Computadora

Copier
Cópier
Copiadora

Paper
Péiper
Papel

Desk
Desk
Escritorio

Swivel chair
Suível cher
Silla giratoria

File
Fáil
Expediente

File cabinet
Fáil cábinet
Archivero

Manager
Mánayer
Gerente

Overtime
Óuvertáim
Tiempo extra

Pay master
Péi máster
Pagador

Payroll
Péirrol
Nómina

Pen
Pen
Pluma

Pencil sharpener
Péncil shárpener
Sacapuntas

Pencil
Péncil
Lápiz

Secretary
Sécretari
Secretaria

Rest room
Rest rum
Baño

Typewriter
Táipráiter
Máquina de
escribir

Stapler
Stéipler
Engrapadora

Switchboard
Suíchbord
Conmutador

Wastepaper
basket
Uéistpéiper básket
Cesto de
papeles

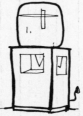

Water cooler
Uárer cúler
Enfriador
de agua

LA ROPA
Clothes

Belt
Belt
Cinturón

Boot
Bul
Bota

Cap
Cap
Gorra

Coat
Cóul
Abrigo

Dressing gown
Drésing gáun
Bata

Glove
Glóuv
Guante

Handkerchief
Jándkérchif
Pañuelo

Hat
Jat
Sombrero

Jacket
Yáket
Saco

Jeans
Yins
Pantalones
de mezclilla

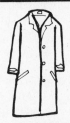
Overcoat
Óuvercóut
Sobretodo

Pajamas
Payámas
Pijamas

Pants
Pants
Pantalones

Raincoat
Réincóut
Impermeable

Scarf
Scarf
Bufanda

Shoe
Shu
Zapato

Sock
Sok
Calcetín

Sweater
Suérer
Suéter

Swimming suit
Suíming sut
Traje de baño

T-shirt
Tí shert
Camiseta

LA ROPA DE CABALLERO
Gentlemen's clothes

Shirt
Shert
Camisa

Shorts
Shorts
Calzoncillos

Suit
Sut
Traje

Tie
Tái
Corbata

LA ROPA DE DAMA
Ladies' clothes

Blouse
Bláus
Blusa

Bra
Bra
Sostén

Dress
Dres
Vestido

Evening gown
Ívning gáun
Vestido de
noche

Half slip
Jaf slip
Medio fondo

Negligee
Negliyé
Negligé

Nightgown
Náitgáun
Camisón

Panties
Pántis
Pantaletas

Pantyhose
Pántijóus
Pantimedias

Skirt
Skert
Falda

Slip
Slip
Fondo

Stockings
Stókings
Medias

65

LA SEXUALIDAD
Sexuality

- AIDS
  Éids
  SIDA

- Birth control
  Berzd contról
  Control de
  natalidad

- Condom,
  rubber
  Cóndom, róber
  Condón

- Douche
  Dush
  Lavado
  vaginal

- Ejaculation
  Eyaculéishon
  Eyaculación

- Gynecologist
  Gáinicóloyist
  Ginecólogo

- Hug
  Jag
  Abrazo

- I.U.D.
  Ái-iú-dí
  Dispositivo
  intrauterino

- Kiss
  Kes
  Beso

- Orgasm
  Orgásm
  Orgasmo

- Pill
  Pel
  Píldora
  anticonceptiva

- Sanitary napkin
  Sánitari nápkin
  Toalla sanitaria

- Sexual intercourse
  Séxshual íntercors
  Relaciones
  sexuales

- Veneral disease
  Venérial disís
  Enfermedades
  venéreas

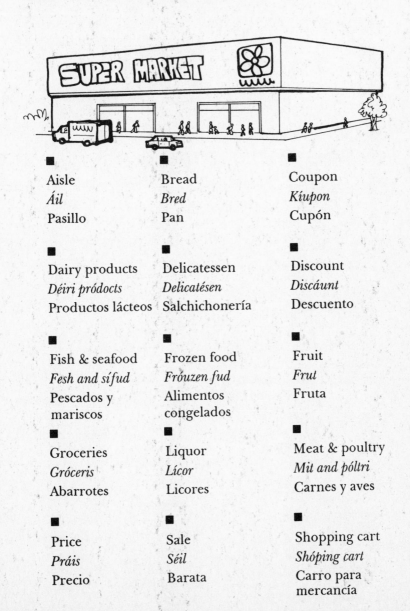

Aisle
Áil
Pasillo

Bread
Bred
Pan

Coupon
Kíupon
Cupón

Dairy products
Déiri pródocts
Productos lácteos

Delicatessen
Delicatésen
Salchichonería

Discount
Discáunt
Descuento

Fish & seafood
Fesh and sífud
Pescados y mariscos

Frozen food
Fróuzen fud
Alimentos congelados

Fruit
Frut
Fruta

Groceries
Gróceris
Abarrotes

Liquor
Lícor
Licores

Meat & poultry
Mit and póltri
Carnes y aves

Price
Práis
Precio

Sale
Séil
Barata

Shopping cart
Shóping cart
Carro para mercancía

LAS BEBIDAS
Beverages

Apple juice
Ápl yus
Jugo de
manzana

Beer
Bíer
Cerveza

Liquor
Lícor
Bebidas
alcohólicas

Coffee
Cófi
Café

Tea
Tí
Té

Chocolate milk
Chácleit melk
Leche con
chocolate

Diet soda
Dáiet sóuda
Refresco
dietético

Grapefruit
juice
Gréipfrut yus
Jugo de toronja

Hot chocolate
Jot chácleit
Chocolate
caliente

Ice cream soda
Áis crim sóuda
Gaseosa con
helado

Ice tea
Áis tí
Té helado

Instant beverage
Ínstant béverach
Bebida
instantánea

Lemonade
Lémoneid
Limonada

Milk shake
Melk shéik
Leche malteada

Orangeade
Óranyéid
Naranjada

Orange juice
Óranch yus
Jugo de
naranja

Root beer
Rut bíer
Cerveza de raíz

Soda
Sóuda
Gaseosa

Soft drink
Soft drink
Refresco

Tomato juice
Toméiro yus
Jugo de tomate

Water
Wárer
Agua

Wine
Uáin
Vino

Milk	*Melk*	Leche

Evaporated milk
Eváporéiled melk
Leche evaporada

Powderek milk
Páuderd melk
Leche en polvo

Skimmed milk
Skemd melk
Leche descremada

Whole milk
Jóul melk
Leche entera

LAS ESTACIONES DEL AÑO
The seasons

Autumn, Fall
Ótọm, Fol
Otoño

Spring
Spreng
Primavera

Summer
Sómer
Verano

Winter
Uínter
Invierno

Bank	Bank	Banco

- Balance
Bálans
Saldo

- Balance due
Bálans diú
Saldo vencido

- Bank draft
Bank draft
Giro bancario

- Cashier
Cashíer
Cajero

- Change
Chéinch
Cambio

- Charge
Charch
Cargo

- Check
Chek
Cheque

- Checking account
Chéking acáunt
Cuenta de cheques

- Credit
Crédit
Crédito

- Deposit
Dipósit
Depósito

- Down payment
Dáun péiment
Enganche

- Interest
Íntrest
Interés

- Investments
Invéstments
Inversiones

- Loan
Lóun
Préstamo

- Money
Máni
Dinero

- Money order
Máni órder
Giro, orden de pago

- Mortgage
Mórtgach
Hipoteca

- Rate
Réit
Tasa

- Savings account
Séivings acáunt
Cuenta de ahorros

- Statement
Stéitment
Estado de cuenta

- Teller
Téler
Cajero (de banco)

- Withdrawal
Widróual
Retiro

71

Cards | *Cards* | Tarjetas

Cards	*Cards*		Tarjetas
Bank card	Credit card	Gas card	Phone card
Bank card	*Crédit card*	*Gas card*	*Fóun card*
Tarjeta bancaria	Tarjeta de crédito	Tarjeta de gasolina	Tarjeta telefónica

Cash | *Cash* | Efectivo

Penny	Nickel	Dime	Quarter
Péni	*Níkel*	*Dáim*	*Cuárer*
Moneda de 1 centavo	Moneda de 5 centavos	Moneda de 10 centavos	Moneda de 25 centavos

Half-dollar	Buck	Dollar bill	Five dollar bill
Jaf dólar	*Bok*	*Dólar bil*	*Fáiv dólar bil*
Moneda de 50 centavos	Billete de 1 dólar	Billete de 1 dólar	Billete de 5 dólares

Ten dollar bill	Twenty dollar bill	Fifty dollar bill	One hundred dollar bill
Ten dólar bil	*Twéni dólar bil*	*Féfti dólar bil*	*Uán jóndred dólar bil*
Billete de 10 dólares	Billete de 20 dólares	Billete de 50 dólares	Billete de 100 dólares

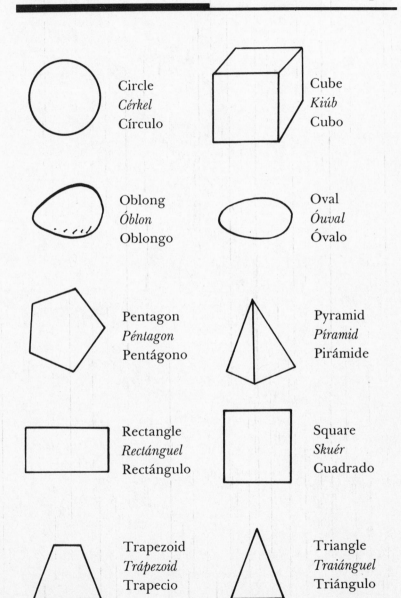

Circle
Cérkel
Círculo

Cube
Kiúb
Cubo

Oblong
Óblon
Oblongo

Oval
Óuval
Óvalo

Pentagon
Péntagon
Pentágono

Pyramid
Píramid
Pirámide

Rectangle
Rectánguel
Rectángulo

Square
Skuér
Cuadrado

Trapezoid
Trápezoid
Trapecio

Triangle
Traiánguel
Triángulo

Bolt
Bolt
Perno

Chisel
Chésel
Formón

Drill
Drel
Taladro

File
Fáil
Lima

Hammer
Jámer
Martillo

Mallet
Málet
Mazo

Monkey wrench
Mónki rench
Llave para tubos

Nail
Néil
Clavo

Nut
Nat
Tuerca

Pliers
Pláiers
Alicates, pinzas

Saw
So
Serrucho

Screw
Scru
Tornillo

Screwdriver
Scrudráiver
Destornillador

Spanner
Spáner
Llave ajustable

Washer
Uásher
Arandela

Wirecutter
Uáiercáter
Cortaalambres

LAS JOYAS
Jewelry

Bracelet
Bréislet
Brazalete

Broach
Bróuch
Broche

Chain
Chéin
Cadena

Charm
Charm
Dije

Charm bracelet
Charm bréislet
Pulsera de dijes

Cuff link
Cof lenk
Mancuerna

Earrings
Írrings
Aretes

Necklace
Nékleis
Collar

Pendant
Péndant
Medallón

Ring
Reng
Anillo

Wedding ring
Uéding reng
Anillo de boda,
argolla

Stick pin
Stek pin
Alfiler de corbata

Watch
Uách
Reloj

(dónde está...)

Across
Acrós
Al otro lado

Backward
Bákuard
Hacia atrás

Between
Bituín
Entre

Down
Dáun
Abajo

Downward
Dáunuard
Hacia abajo

Far
Far
Lejos

Forward
Fóruard
Hacia adelante

In
En
Dentro

Into
Éntu
A, en

Left
Left
A la izquierda

Near
Níer
Cerca

On
On
Sobre

Out
Áut
Fuera

Out of
Áut of
Afuera

Over
Óuver
Encima,
por encima

Right
Ráit
A la derecha

Through
Zdru
A través

Under
Ánder
Debajo

Up
Ap
Arriba

Upward
Ápuard
Hacia arriba

LOS APARATOS DOMÉSTICOS
Household appliances

Blender
Blénder
Licuadora

Can opener
Can óupener
Abridor
de latas

Clothes dryer
Clóuds dráier
Secadora
de ropa

Compact disc
player
*Cómpact desk
pléyer*
Equipo para
disco compacto

Dishwasher
Deshuásher
Lavavajillas

Extractor
Extráctor
Extractor
de jugos

Food
processor
Fud procésor
Procesador
de alimentos

Freezer
Frízer
Congelador

Refrigérator
Refríyereitor
Refrigerador

Iron
Áiron
Plancha

Ironing board
Áironing bord
Tabla de planchar

Microwave oven
Máicrouéiv óuven
Horno
de microondas

79

Mixer
Míxer
Batidora

Oven
Óuven
Horno

Radio
Réidio
Radio

Record player
Récord pléyer
Tocadiscos

Speakers
Spíkers
Bocinas

Stove
Stóuv
Estufa

Tape recorder
Téip ricórder
Grabadora

Television set
Televíshon set
Televisor

Transistor radio
Transístor réidio
Radio de transistores

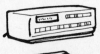
Video cassette recorder
Vídeo casét ricórder
Vídeo grabadora

Washing machine
Uáshing mashín
Lavadora

(cómo llamar a ciertas personas)

Cardinal
Cárdinal
Cardenal

Doctor (Dr.)
Dáctor
Doctor

Father
Fáder
Padre, Cura

Sister
Séster
Hermana, Madre

Guy
Gay
Tipo

Kid
Kid
Muchacho

Judge
Yodch
Juez

Lady
Léidi
Dama

Sir
Ser
Caballero

Madam (Ma'am)
Mádam, Mam
Señora

Man
Man
Hombre

Mayor
Méiyor
Alcalde

Officer
Áficer
Oficial

Miss
Mis
Señorita

Ms (Mis)
Miss
Señora, señorita

Mister (Mr.)
Míster
Señor

Mistress (Mrs.)
Mísis
Señora

Professor
Profésor
Profesor

81

LOS ARTÍCULOS DE TOCADOR
Toiletries

Bubble bath
Bábl bazd
Baño de
burbujas

Cologne
Colóñ
Agua de
colonia

Comb
Cóumb
Peine

Cream
Crim
Crema

Deodorant
Diódorant
Desodorante

Floss
Flos
Hilo dental

Gel
Gel
Gel para
el cabello

Hair brush
Jer brosh
Cepillo para
el cabello

Lotion
Lóushon
Loción

Mouthwash
Máuzduash
Enjuague bucal

Razor
Réizor
Rasuradora

Rinse
Rins
Enjuague

Shampoo
Shampú
Champú

Shaver
Shéiver
Rasuradora
eléctrica

Shaving cream
Shéiving crim
Crema de
afeitar

Soap
Sóup
Jabón

Toothbrush
Túzdbrosh
Cepillo dental

Toothpaste
Túzdpeist
Pasta
dentrífica

Towel
Táuel
Toalla

Wash cloth
Uásh clóuzd
Paño para
lavarse

LOS ARTÍCULOS DEPORTIVOS
Sport articles

Ball
Bol
Pelota

Bat
Bat
Bate

Cap
Cap
Gorra

Helmet
Jélmet
Casco

Coach
Cóuch
Entrenador

Equipment
Ekuípment
Equipo

Glove
Glóuv
Guante

Net
Net
Red

Racket
Rákel
Raqueta

Referee
Referí
Árbitro

Score
Scor
Marcador

Score box
Scor bax
Pizarra

Team
Tím
Equipo

LOS ARTÍCULOS DOMÉSTICOS
Household articles

Alarm clock
Alárm clok
Reloj
despertador

Ashtray
Áshtrei
Cenicero

Bedspread
Bédspred
Cubrecama

Carpet
Cárpet
Alfombra

Ceramics
Cerámics
Cerámica

Coaster
Cóuster
Portavaso

Cover
Cóver
Cobija

Cuckoo clock
Cúcu clok
Reloj de
cuclillo

Curtain
Kérten
Cortina

Cushion
Cúshon
Cojín

Flower pot
Fláuer pot
Maceta

Grandfather
clock
Grándfáder clok
Reloj
de péndulo

Lamp
Lamp
Lámpara

Mirror
Mírror
Espejo

Napkin
Nápkin
Servilleta

Picture
Píkchur
Cuadro

Pillow
Pélou
Almohada

Pillowcase
Péloukéis
Funda

Poster
Póuster
Cartel

Rug
Rag
Tapete

Scissors
Sísors
Tijeras

Sheet
Shit
Sábana

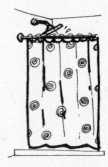
Shower
curtain
Sháuer kérten
Cortina de
ducha

Tablecloth
Téiblclóuzd
Mantel

Tableware
Téibluer
Vajilla

Vase
Véis
Florero

Wall clock
Wol clok
Reloj
de pared

LOS COLORES
The colors

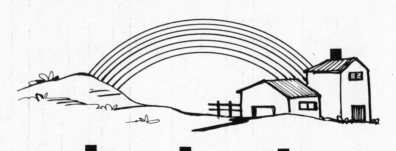

Beige
Béish
Beige

Black
Blak
Negro

Blue
Blu
Azul

Brown
Bráun
Café

Gold
Góuld
Oro

Gray
Gréi
Gris

Green
Grin
Verde

Hazel
Jéizel
Avellana

Lilac
Láilac
Lila

Navy blue
Néivi blu
Azul marino

Orange
Óranch
Naranja

Pink
Penk
Rosa

Purple
Pérpel
Púrpura

Red
Red
Rojo

Silver
Sélver
Plata

White
Juáit
Blanco

Yellow
Yélou
Amarillo

LOS DEPORTES
Sports

Baseball
Béisbol
Béisbol

Basketball
Básketbol
Baloncesto

Bowling
Bóuling
Boliche

Boxing
Báxin
Boxeo

Car racing
Car réicin
Carrera
de autos

Chess
Ches
Ajedrez

Cycling
Sáiclin
Ciclismo

Diving
Dáiving
Clavados,
buceo

89

Fishing
Físhing
Pesca

Football
Fútbol
Fútbol
americano

Golf
Golf
Golf

Gymnastics
Yimnástics
Gimnasia

Handball
Jándbol
Balonmano

High jump
Jái yomp
Salto de altura

Hockey
Jóki
Hockey

Ice skating
Áis skéiting
Patinaje sobre
hielo

Jogging
Yóguin
Trote

Judo
Yudo
Judo

Karate
Karáti
Karate

Marathon
Márazdon
Maratón

Roller skating
Róler skéiting
Patinaje
sobre hielo

Running
Ránin
Carreras

Sailing
Séiling
Vela

Skiing
Skíing
Esquí

91

Soccer
Sóquer
Balompié

Softball
Sóftbol
Sóftbol

Surfing
Sérfing
Tabla hawaiana

Swimming
Suíming
Natación

Table tennis
Téibl ténis
Tennis de mesa

Track and field
Trak and fild
Pista y campo

Volleyball
Vóleibol
Voléibol

Wrestling
Réstling
Lucha libre

LOS DÍAS FESTIVOS
Holidays

Birthday
Bérdei
Cumpleaños

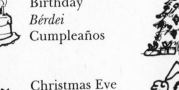
Christmas
Kréstmas
Navidad

Christmas Eve
Kréstmas Iv
Nochebuena

Easter
Íster
Pascua

Halloween
Jálouin
Noche de
brujas

Independence
Day
Indepéndens déi
Día de la
Independencia

Labor Day
Léibor déi
Día del Trabajo

Lincoln's
Birthday
Líncolns Bérdei
Natalicio
de Lincoln

Memorial Day
Memórial déi
Conmemoración
de los Soldados
Caídos

New Year's Day
Niú íers déi
Año Nuevo

Saint Patrick's Day
Séint Pátriks déi
Día de San Patricio

Thanksgiving
Day
Zanksguíving déi
Día de Acción
de Gracias

Valentine's Day
Válentáins Déi
Día de San
Valentín

Washington's
Birthday
Wáshingtons bérdei
Natalicio
de Washington

93

Bag
Bag
Bolsa

Bottle
Báll
Botella

Box
Bax
Caja

Case
Kéis
Caja

Can
Ken
Lata

Carton
Cárton
Envase
de cartón

Chest
Chest
Cofre

Jar
Yar
Tarro

Pack
Pak
Paquete

Package
Pákach
Bulto

Plastic
container
Plástic contéiner
Recipiente de
plástico

(Ellos y ellas)

Actor
Áctor
Actor

Actress
Áctres
Actriz

Boy
Bói
Muchacho

Girl
Guerl
Muchacha

Bride
Bráid
Novia

Groom
Grum
Novio

Cook
Cuc
Cocinero(a)

Female
Fímeil
Hembra

Male
Méil
Macho

Man
Man
Hombre

Woman
Uúman
Mujer

Policeman
Polísman
Policía
(hombre)

Policewoman
Polísuúman
Policía (mujer)

Waiter
Uéiter
Mesero

Waitress
Uéitres
Mesera

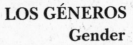

Ball
Bol
Pelota

Bat
Bat
Bate

Doll
Dol
Muñeca

Doll clothes
Dol clóuds
Ropa de
muñecas

Doll house
Dol jáus
Casa de
muñecas

Jumping rope
Yómpin róup
Cuerda
para saltar

Ice skates
Áis skéits
Patines de hielo

Marbles
Márbels
Canicas

Mitt
Met
Guante
de béisbol

Racket
Ráket
Raqueta

Roller skates
Róler skéits
Patines de ruedas

Scooter
Scúter
Patineta

Tea set
Tí set
Juego de té

Top
Top
Trompo

Toy car
Tói car
Cochecito

Toy plane
Tói pléin
Avión (de juguete)

Tricycle
Tráicikel
Triciclo

Yo-yo
Yóyo
Yoyo

Caution
Cóshon
Precaución

Danger
Déinyer
Peligro

Don't walk
Dóunt uók
No cruce

Exit
Éxit
Salida

Gate
Guéit
Sala

No Smoking
Nóu smókin
No fumar

Pull
Pul
Jale

Push
Push
Empuje

STOP

Stop
Stop
Alto

Walk
Uók
Cruce

Aluminum
Alúminum
Aluminio

Bamboo
Bambú
Bambú

Bronze
Bronz
Bronce

Cement
Cément
Cemento

Cloth, fabric
Clóuzd, fábric
Tela

Copper
Cóper
Cobre

Fiber glass
Fáiber glas
Fibra de vidrio

Formica
Formáica
Plástico
laminado

Glass
Glas
Cristal, vidrio

Leather
Léder
Piel

Metal
Métal
Metal

Nylon
Náilon
Nilón

Plastic
Plástic
Plástico

Plywood
Pláiuud
Madera
terciada

Polyethilene
Poliézdilen
Polietileno

Rubber
Róber
Hule

Stainless steel
Stéinles stil
Acero
inoxidable

Wall paper
Uól péiper
Papel tapiz

Wicker
Wíker
Mimbre

Wood
Uúd
Madera

Wool
Uúl
Lana

C.B.
Ci bi
Banda Civil

Fax
Fax
Télefax

Letter
Lérer
Carta

Mail
Méil
Correo

Postcard
Póustcard
Tarjeta postal

Short
wave radio
Short uéiv réidio
Radio de
onda corta

Telegraph
Télegraf
Telégrafo

Telephone
Télefoun
Teléfono

Telex
Télex
Télex

Billboard
Bélbord
Cartelera

Magazine
Mágazin
Revista

Movie
Múvi
Cine

Newspaper
Niuspéiper
Periódico

Newsreel
Níusril
Noticiario
cinematográfico

Radio
Réidio
Radio

Television
Televíshon
Televisión

Videotape
Vídeotéip
Cinta de vídeo

LOS MUEBLES
Furniture

Armchair
Ármcher
Sillón

Bed
Bed
Cama

Bookcase
Búkkéis
Librero

Bunk beds
Bank beds
Litera

Bureau
Bíuro
Cómoda

Center table
Céner téibl
Mesa de centro

Chair
Cher
Silla

Cupboard
Cápbord
Alacena

Desk
Desk
Escritorio

Dining-room
table
Dáinin rum téibl
Mesa de
comedor

Double bed
Dóbel bed
Cama matrimonial

Medicine cabinet
Médicin cábinet
Botiquín

Rocking chair
Rókin cher
Mecedora

Single bed
Séngl bed
Cama individual

Table
Téibl
Mesa

End table
End téibl
Mesa auxiliar

Night table
Náit téibl
Buró

Shelf
Shelf
Anaquel

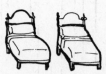
Sofa
Sófa
Sofá

Twin beds
Tuín beds
Camas gemelas

Cardinal numbers   *Cárdinal nómbers*   **Números cardinales**

One	Two	Three	Four
Uán	*Tú*	*Zrí*	*For*
Uno	Dos	Tres	Cuatro
Five	Six	Seven	Eight
Fáiv	*Six*	*Séven*	*Éit*
Cinco	Seis	Siete	Ocho
Nine	Ten	Eleven	Twelve
Náin	*Ten*	*Iléven*	*Tuélv*
Nueve	Diez	Once	Doce
Thirteen	Fourteen	Fifteen	Sixteen
Zertín	*Fortín*	*Fiftín*	*Sixtín*
Trece	Catorce	Quince	Dieciséis
Seventeen	Eighteen	Nineteen	Twenty
Seventín	*Eitín*	*Naintín*	*Tuéni*
Diecisiete	Dieciocho	Diecinueve	Veinte
Twenty-one	Twenty-two	Twenty-three	Twenty-four
Tuéni uán	*Tuéni tú*	*Tuéni zrí*	*Tuéni for*
Veintiuno	Veintidós	Veintitrés	Veinticuatro
Twenty-five	Twenty-six	Twenty-seven	Twenty-eight
Tuéni fáiv	*Tuéni six*	*Tuéni séven*	*Tuéni éit*
Veinticinco	Veintiséis	Veintisiete	Veintiocho

Twenty-nine	Thirty	Forty
Tuéni náin	*Zérti*	*Fórti*
Veintinueve	Treinta	Cuarenta

Fifty	Sixty	Seventy
Fífti	*Síxti*	*Séventi*
Cincuenta	Sesenta	Setenta

Eighty	Ninety	One hundred
Éiti	*Náinti*	*Uán jándred*
Ochenta	Noventa	Cien

One hundred one	Two hundred	Three hundred
Uán jándred uán	*Tú jándred*	*Zrí jándred*
Ciento uno	Doscientos	Trescientos

One thousand	Two thousand	Three thousand
Uán záusand	*Tú záusand*	*Zrí záusand*
Mil, un mil	Dos mil	Tres mil

One hundred thousand	Two hundred thousand	Three hundred thousand
Uán jándred záusand	*Tú jándred záusand*	*Zrí jándred záusand*
Cien mil	Doscientos mil	Trescientos mil

One million	Two million	Three million
Uán mílion	*Tú mílion*	*Zrí mílion*
Un millón	Dos millones	Tres millones

Ordinal numbers   *Órdinal nómbers*   *Números ordinales*

First	Second	Third	Fourth
Fersl	*Sécond*	*Zderd*	*Forzd*
Primero	Segundo	Tercero	Cuarto
Fifth	Sixth	Seventh	Eighth
Fefzd	*Sexzd*	*Sévenzd*	*Éitzd*
Quinto	Sexto	Séptimo	Octavo
Ninth	Tenth	Eleventh	Twelfth
Náinzd	*Tenzd*	*Ilévenzd*	*Tuélfzd*
Noveno	Décimo	Décimo primero	Décimo segundo
Thirteenth	Fourteenth	Fifteenth	Sixteenth
Zdertínzd	*Fortínzd*	*Feftínzd*	*Sextínzd*
Décimo tercero	Décimo cuarto	Décimo quinto	Décimo sexto
Seventeenth	Eighteenth	Nineteenth	Twentieth
Seventínzd	*Eitínzd*	*Naintínzd*	*Tuénizd*
Décimo séptimo	Décimo octavo	Décimo noveno	Vigésimo
Twenty first	Twenty second	Thirtieth	One hundredth
Tuéni ferst	*Tuéni sécond*	*Zdírtiezd*	*Uán jándrezd*
Vigésimo primero	Vigésimo segundo	Trigésimo	Centésimo

LOS OFICIOS
Occupations

Architect
Árkitect
Arquitecto

Brick layer
Brek léyer
Albañil

Baby sitter
Béiby séter
Niñera

Bartender
Bártender
Cantinero

Bellboy
Bélboy
Botones

Carpenter
Cárpenter
Carpintero

Car washer
Car uásher
Lavacoches

Policeman
Polísman
Policía

Clerk
Clerk
Dependiente

Cook
Cuc
Cocinera(o)

Dishwasher
Deshuásher
Lavaplatos

Doorman, Porter
Dórman, Pórter
Portero

Taxi driver
Táxi dráiver
Taxista

Draftsman
Dráftsman
Dibujante

108

Driver
Dráiver
Conductor

Truck driver
Trok dráiver
Camionero

Electrician
Electríshan
Electricista

Engineer
Ényiníer
Ingeniero

Farm laborer
Farm léiborer
Trabajador
agrícola

Housekeeper
Jáuskíper
Ama de llaves

Maid
Méid
Doncella,
mucama

Janitor
Yánitor
Conserje

Lawyer
Lóyer
Abogado

Locksmith
Lóksmizd
Cerrajero

Office boy
Ófis bói
Mensajero

Office clerk
Ófis clerk
Oficinista

Plumber
Plámber
Plomero

TV repairman
Ti ví ripérman
Técnico en
televisores

LOS PASATIEMPOS
Hobbies

Aerobics
Eróbics
Ejercicios aeróbicos

Camping
Cámpin
Campamento

Cards
Cards
Barajas

Checkers
Chékers
Damas

Coin collecting
Cóin coléctin
Numismática

Crossword puzzles
Crósuord pózels
Crucigramas

Dancing
Déncing
Baile

Embroidering
Embróidering
Bordado

Hiking
Jáiking
Excursionismo

Jigsaw puzzles
Yígsou pózels
Rompecabezas

Knitting
Níting
Tejido

Movie
Múvi
Cine

Music
Míusic
Música

Painting
Péinting
Pintura

Photography
Fotógrafi
Fotografía

Reading
Ríding
Lectura

Sculpture
Scólpcher
Escultura

Sewing
Sóuing
Costura

Stamp
collecting
Stamp coléctin
Filatelia

Theater
Zíater
Teatro

LOS SERVICIOS PÚBLICOS
Public utilities

- Cleaning of
  public areas
  Clíning of póblic érias
  Limpia

- Garbage collecting
  Gárbach coléctin
  Recolección
  de basura

- Police Department
  Polís dipártment
  Departamento
  de Policía

- Social Security
  Sóshal sekíuriti
  Seguridad social

- Water
  Uárer
  Agua

- Communications
  Comiunikéishons
  Comunicaciones

- Gas
  Gas
  Gas

- Power
  Páuer
  Electricidad

- Social Work
  Sóshal uérk
  Trabajo Social

- Fire Department
  Fáier dipártment
  Departamento
  de Bomberos

- Mail
  Méil
  Correo

- Sanitary inspection
  Sánitari inspécshon
  Inspección
  sanitaria

- Transportation
  Transportéishon
  Transporte

Alderman
Ólderman
Concejal

Coast Guard
Cóust gard
Guardacostas

Congressman
Cóngresman
Congresista

Customs officer
Cóstems áfiser
Funcionario
de aduana

Fireman
Fáierman
Bombero

Forest Ranger
Fórest réinyer
Guardabosques

Garbage
collector
Gárbach coléctor
Recogedor
de basura

Governor
Góvernor
Gobernador

Immigration
officer
*Immigréishon
áficer*
Funcionario
de migración

Judge
Yodch
Juez

113

Mayor
Méiyor
Alcalde

Paramedic
Paramédic
Paramédico

Policeman
Polísman
Policía

Postman
Póustman
Cartero

President
Président
Presidente

Representative
Represéntativ
Representante

Secretary
Sécretari
Ministro,
Secretario

Senator
Sénator
Senador

Street cleaner
Strít clíner
Barrendero

Traffic cop
Tráfic cop
Agente
de tránsito

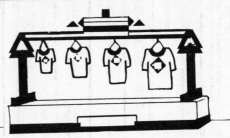

Small	Medium	Large	Extra large
Smol	*Mídium*	*Larch*	*Extra larch*
Pequeño	Mediano	Grande	Extra grande

Fat	Thin
Fat	*Zdin*
Gordo	Delgado

Tiny	Big	Huge
Táini	*Beg*	*Jiúch*
Diminuto	Grande	Enorme

Short	Tall	Narrow
Short	*Tol*	*Nárrou*
Bajo	Alto	Estrecho

Long	Short	Wide
Long	*Short*	*Uáid*
Largo	Corto	Ancho

115

NUESTROS ALREDEDORES
Our surroundings

Bank
Bank
Ribera

River
Ríver
Río

Bay
Béi
Bahía

Beach
Bích
Playa

Canal
Canál
Canal

Canyon
Cánion
Desfiladero

City
Cíli
Ciudad

Country
Cántri
Campo

Creek
Crík
Riachuelo

Country
Cántri
País

Dam
Dam
Presa

Lake
Léik
Lago

Delta
Délta
Delta

Downtown
Dáuntáun
Centro de
la ciudad

Gulf
Golf
Golfo

Highway
Jáiuey
Carretera

Hill
Jel
Cerro

Island
Áiland
Isla

Moon
Mún
Luna

Mountain
Máunten
Montaña

Ocean
Óushan
Océano

Peak
Pík
Cima

Peninsula
Península
Península

Plateau
Plató
Meseta

117

Pool
Púl
Charco

Range
Réinch
Cordillera

Sea
Sí
Mar

Shore
Shor
Costa, orilla

Suburb
Sóborb
Suburbio

Sun
San
Sol

Town
Táun
Pueblo

Swamp
Suámp
Pantano

Valley
Váli
Valle

Village
Vélach
Aldea

Waterfall
Uárerfol
Cascada

Wave
Uéiv
Ola

118

Cardinal points · *Cárdinal póints* · Puntos cardinales

East
Íst
Este

North
Norzd
Norte

South
Sáuzd
Sur

West
Uést
Oeste

Northeast
Norzdíst
Noreste

Northwest
Norzduést
Noroeste

Southeast
Sauzdíst
Sureste

Southwest
Sauzduést
Suroeste

ALGUNAS OTRAS PALABRAS ÚTILES EN INGLÉS (Y SU PRONUNCIACIÓN)

SOME OTHER USEFUL WORDS IN ENGLISH (AND THEIR PRONUNCIATION)

A

Abierto
Open
Óupen

Accidente
Accident
Áccident

Adelante
Ahead
Ajéd

Aguja
Needle
Nídel

Agujero
Hole
Jóul

Alambre
Wire
Wáier

Alberca
Swimming pool
Suímin pul

Alegre
Merry
Mérri

Alfiler
Pin
Pin

Algo
Something
Sómzing

Alguien
Somebody
Sombádi

Allí
There
Zder

Amor
Love
Lov

Anciano
Old
Óuld

Antes
Before
Bifór

Apagado
Off
Of

Apellido
Last name
Last néim

Aquí
Here
Jíer

Arena
Sand
Sand

Atención
Attention
Aténshon

Atrás
Behind
Bijáind

Autor
Author
Ózor

B

Bajo
Under
Ónder

Balón
Ball
Bol

Bandera
Flag
Flag

Barato
Cheap
Chip

Barba
Beard
Berd

Bien
Well
Uél

Bienvenido
Welcome
Uélcom

Billete
Bill
Bil

Bocina
Speaker
Spíker

Boda
Wedding
Uédin

Bolígrafo
Ball point pen
Bol póint pen

Bolsillo
Pocket
Póket

Bombilla
Bulb
Bolb

Bonito(a)
Pretty
Príti

Bosque
Forest
Fórest

Botón
Button
Bóton

Bueno
Good
Gúd

C

Cajón
Drawer
Drór

Calambre
Cramp
Cramp

Caldo
Broth
Brozd

Calefacción
Heating
Jíting

Calendario
Calendar
Cálendar

Caliente
Hot
Jot

Calor
Heat
Jit

Calle
Street
Strít

Campana
Bell
Bel

Canción
Song
Song

Caro
Expensive
Expénsiv

Carril
Lane
Léin

Cartera
Wallet
Uálet

Cena
Dinner, Supper
Díner, sóper

Centímetro
Centimeter
Centímeter

Centro
Center
Cénter

Cerebro
Brain
Bréin

Cerillo
Match
Mach

Cerrado
Closed
Clóusd

Ciego
Blind
Bláind

Cielo
Sky
Skái

Ciencia
Science
Sáiens

Cierto
True
Tru

Cigarrillo
Cigarette
Cígarret

Cinta
Tape
Téip

Circo
Circus
Cércus

Claro
Clear
Clíer

Cómo
How
Jáu

Compra
Purchase
Pérches

Con
With
Uizd

Corazón
Heart
Jart

Cordón
Cord
Cord

Cosa
Thing
Zing

Cuál, cual
Which
Juích

Cuándo, cuando
When
Juén

Cuánto
How much
Jáu moch

Cuanto
As much
As moch

Cuarto
Room
Rúm

Cuento
Story
Stóri

D

De nada
You are welcome
Yu ar uélcom

Departamento
Department,
Apartment
Dipártment,
Apártment

Derecho
Straight
Stréit

Despacio
Slowly
Slóuli

Después
After
Áfter

Detergente
Detergent
Ditéryent

Detrás
Behind
Bijáind

Detrás
After
Áfter

Dibujo
Drawing
Dróing

Dieta
Diet
Dáiet

Difícil
Difficult, Hard
Díficolt, Jard

Dirección
Address
Ádres

Dolor
Pain
Péin

Dónde
Where
Juér

Duro
Hard
Jard

E

Economía
Economy
Icánami

Edad
Age
Éich

Edificio
Building
Bílding

Educación
Education
Ediukéishon

Ejercicio
Exercise
Éxersáis

Él
He
Ji

Ella
She
Shi

Ellos, Ellas
They
Zdey

Emparedado
Sandwich
Sánuich

Encendido
On
On

Energía
Energy
Éneryi

Enfermo
Sick
Sik

Ensalada
Salad
Sálad

Entonces
Then
Zden

Escalera
Stairs
Stérs

Escoba
Broom
Brum

Espacio
Space
Spéis

Español
Spanish
Spánish

Estación
Station
Stéishon

Estado
State
Stéit

Estanque
Pool
Pul

Estrella
Star
Star

F

Fábrica
Factory
Fáctori

Fácil
Easy
Ísi

Factura
Bill
Bel

Falso
False
Fols

Familia
Family
Fámili

Farmacia
Pharmacy
Fármaci

Farmacia,
Droguería
Drugstore
Drágstor

Fecha
Date
Déit

Feliz
Happy
Jápi

Feo
Ugly
Ógly

Firma
Signature
Sígnachur

Foco
Bulb
Bolb

Fósforo
Match
Mach

Fotografía
Photograph
Fótograf

Fractura
Fracture
Fráctcher

Frente
Forehead
Fórjed

G

Gabardina
Gabardine,
Raincoat
Gábardin, Réincout

Gafas
Glasses
Gláses

Garganta
Throat
Zdróut

Gasolina
Gasoline
Gásolin

Gasolinera
Gas station
Gas stéishon

Gente
People
Pípel

Gobierno
Government
Góvernment

Gota
Drop
Drop

Gracias
Thank you
Zdenk iú

Gratis
Free
Frí

Grueso
Thick
Zdik

Guapo
Handsome
Jándsom

H

Habitación
Room
Rum

Hacia
Toward
Tóuard

Harina
Flour
Fláur

Hasta
Until
Ontíl

Helicóptero
Helicopter
Jélicopter

Hemisferio
Hemisphere
Jémisfer

Hemorragia
Hemorrhage
Jémorrach

Herida
Wound
Uáund

Hielo
Ice
Áis

Hierba
Grass
Gras

Hierro
Iron
Áiron

Hígado
Liver
Líver

Hilo
Thread
Zdréd

Historia
History
Jístori

Hoja
Leave
Liv

Hola
Hello
Jélou

Hondo
Deep
Dip

Honradez
Honesty
Ónesti

Hora
Hour, Time
Áuer, Táim

Horario
Schedule
Skédiual

Horizonte
Horizon
Joráizon

Horóscopo
Horoscope
Jóroscoup

Hotel
Hotel
Joutél

Hoy
Today
Tudéi

Huella
Footprint
Fútprint

Hueso
Bone
Bóun

Huevo
Egg
Eg

Humano
Human
Jíuman

Humo
Smoke
Smóuk

Humor
Humor
Jíumor

Huracán
Hurricane
Jórrikein

I

Idea
Idea
Aidía

Identidad
Identity
Aidéntiti

Idioma
Language
Lánguach

Iglesia
Church
Cherch

Igual
Same
Séim

Ilegal
Illegal
Ilígal

Imagen
Image
Ímach

Imaginación
Imagination
Imayinéishon

Imán
Magnet
Mágnet

Importante
Important
Impórtant

Imposible
Impossible
Impósibl

Imprenta
Printing
Prínting

Incendio
Fire
Fáier

Industria
Industry
Índostri

Información
Information
Informéishon

Inglés
English
Ínglish

Inicial
Initial
Iníshal

Inmediato
Immediate
Immídiat

Insomnio
Insomnia
Insómnia

Instituto
Institute
Ínstitiut

Insulina
Insulin
Ínsulin

Inteligencia
Intelligence
Intéliyens

Intención
Intention
Inténshon

Intensidad
Intensity
Inténsiti

Intercambio
Exchange
Exchéinch

Interior
Interior
Intírior

Internacional
International
Internáshonal

Inyección
Injection
Inyécshon

Itinerario
Itinerary
Aitínerari

J

Jardín
Garden
Gárden

Jaula
Cage
Kéich

Joven
Young
Ióng

Juego
Game
Guéim

Juego
Play
Pley

Jugo
Juice
Yus

K

Kilogramo
Kilogram
Kílogram

Kilómetro
Kilometer
Kilomíter

L

Lado
Side
Sáid

Ladrillo
Brick
Brek

Ladrón
Thief
Zdif

Lágrima
Tear
Tíer

Laguna
Lagoon
Lagún

Lección
Lesson
Léson

Legal
Legal
Lígal

Lento
Slow
Slóu

Leña
Firewood
Fáieruud

Lesión
Injury
Ínyuri

Ley
Law
Lo

Libertad
Freedom
Frídom

Libreta
Notebook
Nóutbuk

Ligero
Light
Láit

Límite
Limit
Límit

Limpieza
Cleaning
Clíning

Limpio
Clean
Clin

Línea
Line
Láin

Linterna
Torch
Torch

Líquido
Liquid
Lícuid

Lista
List
Lest

Literatura
Literature
Líterchur

Litro
Liter
Líter

Lobo
Wolf
Uúlf

Lodo
Mud
Mad

Loma
Hill
Jel

Longitud
Lenght
Lenzd

Lubricante
Lubricant
Lúbricant

Luego
Then
Zden

Lugar
Place
Pléis

Luto
Mourning
Mourning

Luz
Light
Láit

LL

Llama
Flame
Fléim

Llamada
Call
Col

Llanta
Tire
Táier

Llave
Key
Kí

Llavero
Key ring
Kí reng

Llegada
Arrival
Arráival

Llovizna
Drizzle
Drízel

Lluvia
Rain
Réin

M

Madrugada
Dawn
Don

Maestro
Teacher
Tícher

Maíz
Corn
Corn

Mal
Badly
Bádli

Malo
Wrong
Rong

Maletero
Porter
Pórter

Mandíbula
Jaw
Yo

Manera
Way
Uéi

Manga
Sleeve
Slív

Mapa
Map
Map

Máquina
Machine
Mashín

Marca
Brand
Brand

Mareo
Dizziness
Dízines

Marinero
Sailor
Séilor

Mármol
Marble
Márbl

Más
More
Mor

Matrimonio
Marriage
Márriach

Mayonesa
Mayonnaise
Máyones

Mayor
Larger
Láryer

Mayordomo
Butler
Bótler

Mecánico
Mechanic
Mecánic

Mecanografía
Typing
Táipin

Medicina
Medicine
Médicin

Medida
Measure
Méshur

Mejor
Better
Béter

Memoria
Memory
Mémori

Menor
Smaller
Smóler

Menos
Less
Les

Mensaje
Message
Mésach

Mente
Mind
Máind

Mentira
Lie
Lái

Mercado
Market
Márket

Mercancía
Wares
Uérs

Mermelada
Jam
Yam

Metro
Meter
Míter

Mexicano
Mexican
Mécsican

México
Mexico
Mécsico

Mi
My
Mái

Miedo
Fear
Fíer

Miel
Honey
Jáni

Miembro
Member
Mémber

Millón
Million
Mílion

Mineral
Mineral
Míneral

Mínimo
Minimum
Mínimum

Minuto
Minute
Mínut

Mirada
Look
Lúk

Misa
Mass
Mas

Mismo
Same
Séim

Mitad
Half
Jaf

Mojado
Wet
Uét

Momento
Moment
Móment

Moneda
Coin
Cóin

Mono
Monkey
Mónki

Motor
Motor
Mótor

Movimiento
Movement
Múvment

Mucho
A lot
A lat

Mucho
Much
Moch

Muchos
Many
Méni

Muela
Tooth
Tuzd

Multa
Fine
Fáin

Mundo
World
Uórld

Músculo
Muscle
Mósel

Muslo
Thigh
Zdái

Muy
Very
Véri

N

Nada
Nothing
Nózdin

Nadie
Nobody
Nobádi

Naturaleza
Nature
Néichur

Neblina
Fog
Fag

Nido
Nest
Nest

Niebla
Fog, Mist
Fag, Mest

Niña
Girl
Guerl

Niño
Boy
Boy

Nivel
Level
Lével

Nombre
Name
Néim

Nosotros
We
Uí

Novela
Novel
Nóvel

Nube
Cloud
Cláud

Nunca
Never
Néver

O

Obscuro
Dark
Dark

Olor
Smell
Smel

Olla
Pot
Pot

Oración
Prayer
Préyer

Órgano
Organ
Órgan

Oso
Bear
Ber

Otro
Other
Óder

Otro
Another
Anóder

Óxido
Oxide
Áksáid

Ozono
Ozone
Óuzóun

P

Página
Page
Péich

Pájaro
Bird
Berd

Palabra
Word
Uérd

Paloma
Pigeon
Píyon

Palomitas
de maíz
Popcorn
Pópcorn

Para
For
For

Paraguas
Umbrella
Ombréla

Pariente
Relative
Rélativ

Parque
Park
Park

Párrafo
Paragraph
Páragraf

Parte
Part
Part

Pastilla
Tablet
Táblet

Patio
Yard
Yard

Paz
Peace
Pís

Peatón
Pedestrian
Pedéstrian

Película
Film, Movie
Felm, Múvi

Pensamiento
Thought
Zdot

Pepino
Cucumber
Kiukómber

Pero
But
Bat

Persona
Person
Pérson

Peso
Weight
Uéit

Petróleo
Petroleum
Petrólium

Pez
Fish
Fesh

Piedra
Stone
Stóun

Planeta
Planet
Plánet

Plomo
Lead
Lid

Pluma
Feather
Féder

Pobre
Poor
Pur

Poco
Little
Lítel

Pocos
Few
Fiú

Por
For
For

Por qué
Why
Juái

Porque
Because
Bicós

Pregunta
Question
Cuéstion

Problema
Problem
Próblem

Producto
Product
Pródoct

Programa
Program
Prógram

Propina
Tip
Tep

Proteína
Protein
Prótein

Puente
Bridge
Bridch

Pues
Since
Sins

Pulmón
Lung
Long

Pulpo
Octopus
Óctopos

Pulsera
Bracelet
Bréislet

Pulso
Pulse
Pols

Punto
Point, Dot
Póint, Dot

Puño
Fist
Fest

Puro
Pure
Piúr

Q

Que, qué
What
Juát

Quien, quién
Who
Jú

Quijada
Jawbone
Yóbon

Quizás
Perhaps,
Maybe
Perjáps, méibi

R

Raíz
Root
Rut

Rama
Branch
Branch

Rápido
Quick
Cuíc

Rayo
Ray
Rey

Receta
Prescription
Prescrípshon

Redondo
Round
Ráund

Regalo
Present
Présent

Religión
Religion
Relíyon

Respuesta
Answer
Ánser

Rico
Rich
Rech

Riñón
Kidney
Kídni

Rubio(a)
Blond
Blond

Ruido
Noise
Nóis

S

Sacerdote
Priest
Príst

Salario
Salary
Sálari

Saliva
Saliva
Saláiva

Salsa
Sauce
Sos

Salud
Health
Jelzd

Sangre
Blood
Blod

Sano
Healthy
Jélzdi

Sartén
Frying pan
Fráing pan

Satélite
Satellite
Sátelait

Seco
Dry
Drái

Seda
Silk
Selk

Señal
Signal
Sáinal

Serio
Serious
Sírius

Servicio
Service
Sérvis

Sexo
Sex
Sex

Si
If
If

Sí
Yes
Yes

Siempre
Always
Óluéis

Silencio
Silence
Sáilens

Sin
Without
Uizdáuzd

Sociedad
Society
Sosáieti

Socio
Partner
Pártner

Sonido
Sound
Sáund

Sonrisa
Smile
Smáil

Sordo
Deaf
Def

Su
His, Her, Their
Jis, Jer, Zdéir

Suave
Soft
Soft

Sucio
Dirty
Dérti

Sucursal
Branch
Branch

Sudor
Sweat
Suét

Sueño
Sleep
Slip

Suerte
Luck
Lok

T

Tabaco
Tobacco
Tobácou

Talco
Talcum powder
Tálcum paúder

Talla
Size
Sáis

También
Also
Ólso

Taquigrafía
Shorthand
Shórtjand

Tarde
Late
Léit

Taxi
Taxi, Cab
Táxi, Cab

Telegrama
Telegram
Télegram

Telescopio
Telescope
Télescoup

Telón
Drop curtain
Drap kérten

Temperatura
Temperature
Témperachur

Temprano
Early
Érly

Termómetro
Thermometer
Zdermómeter

Terraza
Terrace
Térras

Terremoto
Earthquake
Erzdquéik

Terreno
Land
Land

Tiempo
Time
Táim

Tierra
Earth, Land
Erzd, Land

Todavía
Still
Stil

Todo
All
Ol

Tono
Tone
Tóun

Trabajo
Work
Uérk

Tren
Train
Tréin

Triste
Sad
Sad

Tu
Your
Yur

Tú
You
Yu

Turismo
Tourism
Túrism

Turista
Tourist
Túrist

U

Último
Last
Last

Uniforme
Uniform
Iúniform

Usted
You
Yú

Útil
Useful
Iúsful

V

Vacío
Empty
Émpti

Vapor
Steam
Stím

Varios
Several
Séveral

Vaso
Glass
Glas

Vehículo
Vehicle
Viíkel

Vela
Candle
Cándel

Velocidad
Speed
Spíd

Vena
Vein
Véin

Venta
Sale
Séil

Ventanilla
Window
Uíndou

Ventilador
Ventilator
Véntileiter

Verdad
True
Tru

Viaje
Trip
Trep

Viejo	Volumen	**Y**
Old	Volume	
Óuld	*Vólium*	
Viento	Voz	Y
Wind	Voice	And
Uínd	*Vóis*	*And*
Visita	Vuelo	Ya
Visit	Flight	Already
Vísit	*Fláit*	*Olrédi*
Vitamina		Yo
Vitamin		I
Váitemin		*Ái*

GLOSARIO
GLOSSARY

A

a
into

abajo
down

abarrotes
groceries

abeja
bee

abogado
lawyer

abrazo
hug

abridor de latas
can opener

abrigo
coat

abril
April

abuela
grandmother

abuelo
grandfather

abuelos
grandparents

aceite
oil

aceite (de bebé)
baby oil

aceite de cártamo
safflower oil

aceite de girasol
sunflower seed oil

aceite de linaza
linseed oil

aceite de oliva
olive oil

acera
sidewalk

acero inoxidable
stainless steel

acordeón
accordion

actor
actor

actriz
actress

Acuario
Aquarius

aduana
customs

aeropuerto
airport

afuera
out of

agente de tránsito
traffic cop

agosto
August

agua
water

agua de colonia
cologne

aguacate
avocado

águila
eagle

ahijada
goddaughter

ahijado
godson

ahijado(a)
godchild

ajedrez
chess

ajo
garlic

al otro lado
across

a la derecha
right

a la izquierda
left

alacena
cupboard

albahaca
basil

albañil
brick layer

alcalde
mayor

alcantarilla
gutter

alcohol
alcohol

aldea
village

alfiler de corbata
stick pin

alfombra
carpet

alicates
pliers

alimentos congelados
frozen food

almendra
almond

almohada
pillow

alrededores
surroundings

alto
stop

alto
tall

alto total
4 way stop

aluminio
aluminum

alumno
student

alumno monitor
monitor

ama de llaves
housekeeper

amarillo
yellow

ambulancia
ambulance

analgésico
analgesic

anaquel
shelf

ancho
wide

andadera
stroller

anfibios
amphibian

anillo
ring

anillo de boda
wedding ring

animal
animal

anterior
last

antiácido
antacid

antihistamínico
antihistamine

año
year

año escolar
school year

año nuevo
new year's day

aparatos domésticos
household appliances

apio
celery

apelativos
appelatives

aprobación
pass

arado
plow

arancel
duty

arandela
washer

araña
spider

árbitro
referee

árbol
tree

arbusto
bush

archivero
file cabinet

área para minusválidos
handicapped area

aretes
earrings

argolla
wedding ring

Aries
Aries

armario
closet

arpa
harp

arquitecto
architect

arriba
up

arroz
rice

artículos de tocador
toiletries

artículos deportivos
sport articles

artículos domésticos
household articles

aspirina
aspirin

a través
through

ático
attic

atún
tuna

autobús
bus

automóvil
car

avellana
hazel

avena
oat

avena
oatmeal

aves
poultry

aves
birds

avión
airplane

avión (de juguete)
toy plane

ayer
yesterday

ayudante de mesero
busboy

azadón
hoe

azúcar
sugar

azucarera
sugar bowl

azul
blue

azul marino
navy blue

B

babero
bib

bacinica
potty

baile
dancing

baile de
graduación
prom

bahía
bay

bajo
bass

bajo
short

balada
ballad

balompié
soccer

baloncesto
basketball

balonmano
handball

bambú
bamboo

banco
bank

banda
band

banda civil
C.B.

bandeja
tray

banjo
banjo

bañera
**changing
table**

baño
**bathroom,
rest room**

baño de
burbujas
bubble bath

barajas
cards

barata
sale

barbilla
chin

barco
boat

barniz de uñas
nail polish

barra de ensaladas
salad bar

barrendero
street cleaner

bata
dressing gown

bate
bat

batería
drums

batidora
mixer

bebé
baby

bebida instantánea
instant beverage

bebidas
beverages

bebidas alcohólicas
liquor

beige
beige

béisbol
baseball

belleza
beauty

berenjena
eggplant

beso
kiss

biberón
baby bottle

biblioteca
library

bibliotecaria(o)
librarian

bicicleta
bicycle

billete de 1 dólar
dollar bill, buck

billete de 5 dólares
five dollar bill

billete de 10 dólares
ten dollar bill

billete de 20 dólares
twenty dollar bill

billete de 50 dólares
fifty dollar bill

billete de 100 dólares
one hundred dollar bill

blanco
white

blues
blues

blusa
blouse

boca
mouth

boca de acceso
manhole

bocinas
speakers

boleto
ticket

boliche
bowling

bolsa
bag

bombero
fireman

bordado
embroidering

bota
boot

botella
bottle

botiquín
medicine cabinet

botita
bootie

botones
bellboy

boxeo
boxing

brazalete
bracelet

brazo
arm

broche
broach

bronce
bronze

buceo
diving

budín
pudding

buey
ox

bufanda
scarf

bulto
package

buque
ship

buró
night table

burro
donkey

C

caballero
sir

caballeros
gentlemen

caballo
horse

cabello
hair

cabestrillo
sling

cabeza
head

cacahuate
peanut

cadena
chain

cadera
hip

café
coffee

café
brown

caja
box, case

cajero
cashier

cajero (de banco)
teller

calabacín
zucchini

calabaza
pumpkin

calamar
squid

calcetín
sock

calendario
calendar

cálido
warm

calificación
grade

calle
street

calle de preferencia
through street

caluroso
hot

calzón de hule
rubber pants

calzoncillos
shorts

cama
bed

cama individual
single bed

cama matrimonial
double bed

camarón
shrimp

camas gemelas
twin beds

cambio
change

camión
truck

camionero
truck driver

camioneta
pick up

camisa
shirt

camiseta
t-shirt

camisón
nightgown

campamento
camping

campirana (música)
country (music)

campo
country

canal
canal

Cáncer
Cancer

canela
cinnamon

canicas
marbles

cantante
singer

cantinero
bartender

capitán de meseros
headwaiter

Capricornio
Capricorn

cara
face

cardenal
cardinal

cargo
charge

carne
meat

carnero
ram

carnes y aves
meat and poultry

carnes frías
cold cuts

carpintero
carpenter

carrera de autos
car racing

carreras
running

carretera
highway

carretilla
wheelbarrow

carriola
baby carriage

carro para
mercancía
shopping cart

carta
letter

cartel
poster

cartelera
billboard

cartero
postman

casa
house

cascada
waterfall

casco
helmet

catorce
fourteen

cebada
barley

cebolla
onion

cebra
zebra

ceja
eyebrow

cemento
cement

cenicero
ashtray

centeno
rye

centésimo
one hundredth

centro de la ciudad
downtown

cepillo dental
toothbrush

cepillo para
el cabello
hair brush

cerámica
ceramics

cerca
fence

cerca
near

cerdo
pig

cereal
cereal

cereza
cherry

cerrajero
locksmith

cerro
hill

cerveza
beer

cerveza de raíz
root beer

césped
lawn

cesto de papeles
wastepaper basket

ciclismo
cycling

cien
one hundred

cien mil
one hundred thousand

ciento uno
one hundred one

cilandro
coriander

cima
peak

cincel
chisel

cinco
five

cincuenta
fifty

cine
movie

cinta de vídeo
videotape

cintura
waist

cinturón
belt

círculo
cirele

ciruela
plum

ciruela pasa
prune

cirugía
surgery

ciudad
city

clásica
classical

clavados
diving

clavo
clove

clavo
nail

clima
weather

cobija
cover

cobija (de bebé)
baby blanket

cobre
copper

cocina
kitchen

cocinera(o)
cook

cocodrilo
crocodile

cochecito
toy car

cochera
garage

codo
elbow

codorniz
quail

cofre
chest

cojín
cushion

colores
colors

colorete
rouge

collar
necklace

comedor
dining room

comida
food

cómoda
bureau

computadora
computer

comunicaciones
communications

concejal
alderman

condimentos
condiments

condón
condom, rubber

conductor
driver

congelador
freezer

congresista
congressman

conmemoración de los
soldados caídos
memorial day

conmutador
switchboard

conserje
janitor

contaminado
smoggy

control de natalidad
birth control

copiadora
copier

corbata
tie

cordero
lamb

cordillera
range

correo
mail

cortaalambres
wirecutter

cortina
curtain

cortina de ducha
shower curtain

corto
short

cosecha
harvest

cosechero
picker

costa
shore

costura
sewing

crédito
credit

crema
cream

crema de afeitar
shaving cream

crema de
cacahuate
peanut butter

cristal
glass

cruce
walk

cruce peatonal
crosswalk

crucigramas
crossword
puzzles

cuaderno
notebook

cuadra
block

cuadrado
square

cuadro
picture

cuarenta
forty

cuarto
fourth

cuarto año universitario
senior

cuarto de invitados
guest room

cuarto de lavado
laundry room

cuatro
four

cubo
cube

cubrecama
bedspread

cucaracha
cockroach

cuchara
spoon

cuchara para el café
teaspoon

cuchara sopera
soup spoon

cuchillo
knife

cuchillo para cortar carne
steak knife

cuchillo para mantequilla
butter knife

cuello
neck

cuenta
account

cuenta
check

cuenta de ahorros
savings account

cuenta de cheques
checking account

cuerda
string

cuerda para saltar
jumping rope

cuerpo
body

cumpleaños
birthday

cuna
cradle, crib

cuñada
sister-in-law

cuñado
brother-in-law

cupón
coupon

cura
father

chabacano
apricot

champiñón
mushroom

champú
shampoo

charco
pool

chayote
squash

cheque
check

chocolate
chocolate

chocolate caliente
hot chocolate

chupón
pacifier

D

dama
lady

damas
ladies

damas
checkers

dar preferencia
yield

debajo
under

décimo
tenth

décimo cuarto
fourteenth

décimo noveno
nineteenth

décimo octavo
eighteenth

décimo primero
eleventh

décimo quinto
fifteenth

décimo segundo
twelfth

décimo séptimo
seventeenth

décimo sexto
sixteenth

décimo tercero
thirteenth

dedo de la mano
finger

dedo del pie
toe

delgado
thin

delineador
eyelash liner

delta
delta

demorado
overdue, delayed

dentro
in

departamento
de bomberos
fire department

departamento
de policía
police department

dependiente
clerk

deportes
sports

depósito
deposit

descanso para café
coffee break

descuento
discount

desfiladero
canyon

desinfectante
disinfectant

desodorante
deodorant

destornillador
screwdriver

día
day

día de acción
de gracias
Thanksgiving Day

día de la independencia
Independence Day

día del trabajo
Labor Day

día de San Patricio
Saint Patrick's day

día de San Valentín
Valentine's day

días festivos
holidays

dibujante
draftsman

diciembre
December

diecinueve
nineteen

dieciocho
eighteen

dieciséis
sixteen

diecisiete
seventeen

diente
tooth

dientes
teeth

diez
ten

dije
charm

diminuto
tiny

dinero
money

director (de orquesta)
conductor

director(a)
principal

disco
disco

dispositivo
intrauterino
I.U.D.

doce
twelve

doctor
doctor

domingo
Sunday

dona
donut

doncella
maid

dos
two

doscientos
two hundred

doscientos mil
**two hundred
thousand**

dos mil
two thousand

dos millones
two million

dueto
duet

durazno
peach

E

economía doméstica
home economics

educación física
**P.E (physical
education)**

efectivo (dinero)
cash

ejercicios
aeróbicos
aerobics

ejote
string bean

el
the

electricidad
power

electricista
electrician

elefante
elephant

embutido
sausage

empuje
push

en
into, in

encima
over

enero
January

enfermedades
venéreas
veneral disease

enfermera
nurse

enfermero asistente
orderly

enfriador de agua
water cooler

enganche
down payment

engrapadora
stapler

enjuague
rinse

enjuague bucal
mouthwash

enorme
huge

entre
between

entrenador
coach

envase de
cartón
carton

envases
containers

equipaje
**luggage,
baggage**

equipo
**equipment,
team**

equipo para
disco compacto
**compact disc
player**

Escorpión
Scorpio

escritorio
desk

escuela
school

escuela mixta
co-ed

escuela superior
college

espalda
back

espárrago
asparagus

espejo
mirror

espinaca
spinach

espinilla
shin

esposa
wife

esquí
skiing

esquina
corner

estación de autobuses
bus station

estación de ferrocarril
train station

estación de metro
subway station

estacionamiento
prohibido
no parking

estaciones
seasons

estado de cuenta
statement

estante
bookshelf

este
east

estómago
stomach

estrecho
narrow

estudiante
student

estufa
stove

estudio
studio

examen
examination

exceso de equipaje
overweight,
excess baggage

excursionismo
hiking

extra grande
extra large

extractor de jugos
extractor

eyaculación
ejaculación

F

falda
skirt

familia
family

febrero
February

ferrocarril
train

fertilizante
fertilizer

fibra de vidrio
fiber glass

ficción
fiction

fideo
noodle

fideo largo
spaghetti

filatelia
stamp collecting

fin de semana
weekend

fin de semana largo
long weekend

finanzas
finance

flan
custard

flor
flower

florero
vase

fondo
slip

formas
shapes

formón
chisel

fórmula
formula

fotografía
photography

frambuesa
raspberry

fresa
strawberry

fresco
cool

frijol
bean

frío
cold

frutas(s)
fruit(s)

fuera
out

funcionario
de aduana
Customs officer

funcionario
de migración
Immigration
officer

funda
pillowcase

fútbol americano
football

G

galleta
cracker

galleta dulce
cookie

gallina
hen

gas
gas

gasa
gauze

gaseosa
soda

gaseosa con helado
ice cream soda

gato
cat

gel para el cabello
gel

Géminis
Gemini

géneros
gender

gerente
manager

gimnasia
gymnastics

ginecólogo
gynecologist

giro
money order

giro bancario
bank draft

glacial
freezing

glorieta
traffic circle

gobernador
governor

golf
golf

golfo
gulf

gordo
fat

gorra
cap

gorro
bonnet

grabadora
tape recorder

grados 1 al
6 (primaria)
Elementary

grados 7, 8 y 9
Junior High

grados 10, 11 y 12
Senior High

graduación
graduation

grande
big, large

granizo
hail

granja lechera
dairy farm

granjero
farmer

granos
grains

gris
gray

guante
glove

guante de béisbol
mitt

guardabosques
forest ranger

guardacostas
Coast Guard

guitarra
guitar

H

haba
lima bean

hacia abajo
downward

hacia adelante
forward

hacia arriba
upward

hacia atrás
backward

hamburguesa
hamburger

helado
icy

helado
ice cream

hembra
female

hermana
sister

hermano
brother

herramientas
tools

hielera
ice bucket

hija
daughter

hijastra
stepdaughter

hijastro
stepson

hijastro(a)
stepchild

hijo
son

hijo(a)
child

hijos(as)
children

hilo dental
floss

hipoteca
mortgage

hockey
hockey

hoja de afeitar
razor blade

hojas de laurel
bay leaves

hojuelas de maíz
corn flakes

hombre
man

hombro
shoulder

hormiga
ant

horno
oven

horno de microondas
microwave oven

hospital
hospital

huerto
fruit orchard

hule
rubber

I

impermeable
raincoat

ingeniero
engineer

insecticida
insecticide

insecto
insects

inspección sanitaria
sanitary inspection

instrumento de viento
wind

instrumentos
instruments

interés
interest

inversiones
investments

invierno
winter

isla
island

J

jabón
soap

jale
pull

jamón
ham

jardín de niños
day care center

jardinería
garden

jardinero
gardener

jazz
jazz

141

jefe
boss

jefe de cocina
chef

jengibre
ginger

joyas
jewels

judo
judo

juego de té
tea set

jueves
Thursday

juez
judge

jugo de manzana
apple juice

jugo de naranja
orange juice

jugo de tomate
tomato juice

jugo de toronja
grapefruit juice

juguetes
toys

julio
July

Junio
June

K

karate
karate

L

la
the

labios
lips

laboratorio
laboratory

lagartija
lizard

lago
lake

lámpara
lamp

lana
wool

langosta
lobster

lápiz
pencil

lápiz de labios
lipstick

largo
long

lata
can

lavacoches
car washer

lavado vaginal
douche

lavadora
washing machine

lavaplatos
dishwasher

lectura
reading

leche
milk

leche con chocolate
chocolate milk

leche descremada
skimmed milk

leche en polvo
powdered milk

leche entera
whole milk

leche evaporada
evaporated milk

leche malteada
milk shake

lechuga
lettuce

lejos
far

lengua
tongue

lenteja
lentil

Leo
Leo

león
lion

letra
lyrics

letrero
street sign

letreros
signs

Libra
Libra

librero
bookcase

libro
book

licores
liquor

licuadora
blender

lila
lilac

lima
file

límite de velocidad
speed limit

limón
lemon

limón agrio
lime

limonada
lemonade

limpia
cleaning of public areas

litera
bunk beds

loción
lotion

loro
parrot

los
the

lucha libre
wrestling

luna
moon

lunes
Monday

LL

llave ajustable
spanner

llave para tubos
monkey wrench

llegada
arrival

lluvioso
rainy

M

macarrón
macaroni

maceta
flower pot

macho
male

madera
wood

madera terciada
plywood

madrastra
stepmother

madre
mother

Madre (religiosa)
Sister

madrina
godmother

maíz
corn

maleta
suitcase

maletín
overnight case

mamá
mom

mamíferos
mammals

mancuerna
cuff link

mandarina
tangerine

mango
mango

manguera
hose

mano
hand

manteca
shortening

mantel
tablecoth

mantequilla
butter

manzana
apple

mañana
morning

mañana
tomorrow

maquillaje
makeup

máquina de escribir
typewriter

mar
sea

maratón
marathon

marcador
score

margarina
margarine

marido
husband

mariposa
butterfly

mariscos
seafood

martes
Tuesday

martillo
hammer

marzo
March

máscara para
las pestañas
mascara

materia
subject

materiales
materials

mayo
May

mazo
mallet

mecedora
rocking chair

medallón
pendant

mediano
medium

medianoche
midnight

medias
stockings

médico
doctor

medio fondo
half slip

mediodía
noon

medios de
comunicación
**means of
communication**

mejilla
cheek

medios de
comunicación masiva
media

melodía
melody

melón
melon

mensajero
office boy

menú
menu

mes
month

mesa
table

mesa auxiliar
end table

mesa de centro
center table

mesa de comedor
dining room table

mesera
waitress

mesero
waiter

meseta
plateau

metal
metal

metal pesado
heavy metal

metro
subway

miércoles
Wednesday

migración
Immigration

mil
one thousand

mimbre
wicker

ministro
secretary

moisés
cradle

moneda de
5 centavos
nickel

moneda de
50 centavos
half dollar

moneda de
10 centavos
dime

moneda de 1 centavo
penny

moneda de 25 centavos
quarter

montaña
mountain

mortadela
bologna

mosca
fly

mosquito
mosquito

mostaza
mustard

motocicleta
motorcycle

motoneta
motor scooter

mucama
maid

muchacha
girl

muchacho
boy

muchacho
kid

muebles
furniture

mujer
woman

multa
fine

muñeca
doll

muñeca
wrist

música
music

músico
musician

N

naranja
orange

naranjada
orangeade

nariz
nose

natación
swimming

natalicio de Lincoln
Lincoln's birthday

natalicio de
Washington
**Washington's
birthday**

Navidad
Christmas

neblinoso
foggy

negligé
negligee

negro
black

nevado
snowy

nieta
granddaughter

nieto
grandson

nieto(a)
grandchild

nietos(as)
grandchildren

nieve (helado)
sherbet

nilón
nylon

niñera
baby sitter

niveles escolares
school levels

no ficción
fact

no fumar
no smoking

no hay vuelta
a la derecha
no right turn

no hay vuelta
a la izquierda
no left turn

no rebasar
no passing

noche
evening

noche
night

Nochebuena
Christmas Eve

Noche de Brujas
Halloween

nómina
payroll

noreste
northeast

noroeste
northwest

norte
north

noticiario
cinematográfico
newsreel

noveno
ninth

noventa
ninety

novia
girlfriend, bride

noviembre
November

novio
boyfriend, groom

nublado
cloudy

nuera
daughter-in law

nuestro(s)
our

nueve
nine

nuez
nut

nuez de la India
cashew

nuez lisa
pecan

nuez moscada
nutmeg

números
numbers

numismática
coin collecting

O

oblongo
oblong

océano
ocean

octavo
eighth

octubre
October

ochenta
eighty

ocho
eight

oeste
west

oficial
officer

oficina
office

oficinista
office clerk

oficios
occupations

oído
ear

ojo
eye

ola
wave

ombligo
navel

once
eleven

orden
order

orden de pago
money order

orégano
oregano

oreja
ear

orgasmo
orgasm

orientación
counseling

orilla
shore

oro
gold

orquesta
orchestra

ostión
oyster

otoño
autumn, fall

óvalo
oval

oveja
sheep

oxígeno
oxygen

P

padrastro
stepfather

padre
father

padres
parents

padrino
godfather

pagador
paymaster

país
country

pala
shovel

palma
palm

pan
bread

pan blanco
white bread

pan de centeno
rye bread

pan integral
whole wheat bread

pan moreno/negro
black bread

pan tostado
toast

pantaletas
panties

pantalones
pants

pantalones de mezclilla
jeans

pantano
swamp

pantimedias
pantyhose

pañal
diaper

paño para lavarse
wash cloth

pañuelo
handkerchief

papa
potato

papá
dad

papel
paper

papel tapiz
wall paper

paquete
pack

paramédico
paramedic

pared
wall

párpado
eyelid

partitura
score

pasa
raisin

pasado
last

pasaporte
passport

pasatiempos
hobbies

Pascua
Easter

pasillo
aisle

pasta dentrífica
toothpaste

pastas
pasta

pastel
cake

pasto
grass

patinaje sobre hielo
ice skating

patinaje sobre ruedas
roller skating

patines de hielo
ice skates

patines de ruedas
roller skates

patineta
scooter

patio de juegos
play yard

pato
duck

pavo
turkey

peces
fish

pecho
chest

peine
comb

peligro
danger

pelota
ball

península
peninsula

pentágono
pentagon

pequeño
small

pera
pear

percusión
percussion

perfume
perfume

periódico
newspaper

perno
bolt

perro
dog

pesca
fishing

pescado
fish

pescados y mariscos
fish and seafood

pestaña
eyelash

pez espada
swordfish

pezón de biberón
nipple

piano
piano

pico
pick

pie
foot

piel
skin

piel
leather

pierna
leg

pies
feet

pijamas
pajamas

píldora anticonceptiva
pill

pimentero
pepper pot

pimentón
paprika

pimienta
pepper

pimienta inglesa
allspice

pimiento
pepper

pintura
painting

pinzas
pliers

piña
pineapple

pirámide
pyramid

Piscis
Pisces

piso
floor

pista y campo
track and field

pizarra
score box

pizarra de anuncios
bulletin board

pizarrón
blackboard

plancha
iron

planta
plant

plantación
plantation

plástico
plastic

plástico laminado
formica

plata
silver

plátano
banana

platillo
saucer

plato
plate

playa
beach

plomero
plumber

pluma
pen

podadora
lawn mower

policía (hombre)
policeman

policía (mujer)
policewoman

polietileno
polyethilene

polilla
moth

polvera de
bolsillo
compact

pollo
chicken

por encima
over

portavaso
coaster

portero
**doorman,
porter**

postres
desserts

precaución
caution

precio
price

preprimaria
kindergarten

presa
dam

presidente
president

préstamo
loan

prima(o)
cousin

primaria
primary

primavera
spring

primer año
universitario
freshman

primero
first

Primeros
Auxilios
First Aid

146

procesador de alimentos
food processor

productos lácteos
dairy products

profesor
professor

profesor(a)
teacher

promedio
average

prometida
fiancee

prometido
fiance

próximo
next

publicaciones periódicas
periodical literature

pueblo
town

puerco
pork

puerta
door

puerta
gate

puerta corrediza
sliding door

pulgar
thumb

pulsera de dijes
charm bracelet

puntada
stitch

puntos cardinales
cardinal points

pupitre
desk

púrpura
purple

Q

queso
cheese

queso amarillo
yellow cheese

queso crema
cream cheese

queso parmesano
parmesan cheese

queso suizo
Swiss cheese

quince
fifteen

quincena
fortnight

quinto
fifth

quirófano
Operating Room

quitaesmalte
nail polish remover

R

rábano
radish

radio
radio

radio de onda corta
short wave radio

radio de transistores
transistor radio

rampa
ramp

rana
frog

rancho
farm

rancho ganadero
cattle ranch

raqueta
racket

rastrillo
rake

rasuradora
razor

rasuradora
eléctrica
shaver

rata
rat

ratón
mouse

rayos X
X-ray

recámara
bedroom

recepcionista
recepcionist

recipiente de
plástico
plastic container

recogedor
de basura
garbage collector

recolección
de basura
garbage collecting

rectángulo
rectangle

red
net

refresco
soft drink

refresco dietético
diet soda

refrigerador
refrigerator

registro
académico
file

regla
ruler

relaciones
sexuales
**sexual
intercourse**

reloj
watch

reloj de cuclillo
cockoo clock

reloj de pared
wall clock

reloj de péndulo
**grandfather
clock**

reloj
despertador
alarm clock

remolque
camper

representante
representative

reprobación
fail

reptiles
reptiles

requesón
cottage cheese

res
beef

reservación
reservation

restaurante
restaurant

retiro
withdrawal

retrasado
overdue

revista
magazine

147

riachuelo
creek

ribera
bank

riego
irrigation

río
river

rociador
sprinkler

rock
rock

rodilla
knee

rojo
red

rompecabezas
jigsaw puzzles

ropa
clothes

ropa de muñecas
doll clothes

rosa
pink

S

sábado
Saturday

sábana
sheet

sacapuntas
pencil sharpener

saco
jacket

Sagitario
Sagittarius

sal
salt

sala
living room

sala
gate

sala de emergencia
emergency room

sala de juegos
game room

salamandra
salamander

salchicha
hot dog

salchichonería
delikatessen

saldo
balance

saldo vencido
balance due

salero
salt shaker

salida
exit

salida
departure

salmón
salmon

salón asignado
a un grupo
home room

salón de clase
classroom

salto de altura
high jump

salvado
bran

salvia
sage

sandía
watermelon

sardina
sardine

saxofón
saxophone, sax

secadora de ropa
clothes dryer

sección de consulta
reference section

secretaria(o)
secretary

segundo
second

segundo año
universitario
sophomore

seguridad social
social security

seis
six

semáforo
traffic light

semana
week

semilla(s)
seed(s)

senador
senator

seno
breast

señas
directions

señor
mister (Mr.)

señora
madam (Ma'am)

señora
mistress (Mrs.)

señora, señorita
Ms

señorita
miss

septiembre
September

séptimo
seventh

serrucho
saw

servicios públicos
public utilities

servidores públicos
public servants

servilleta
napkin

sesenta
sixty

setenta
seventy

sexto
sixth

sexualidad
sexuality

SIDA
AIDS

siembra
sowing

siete
seven

siguiente
following

siglo
century

silla
chair

silla alta
high chair

silla giratoria
swivel chair

silla para el auto
car chair

148

sillón
armchair

sobre
on

sobretodo
overcoat

sobrina
niece

sobrino
nephew

sofá
sofa

sóftbol
softball

sol
sun

soleado
sunny

sombrero
hat

sonaja
rattle

sorbete
sherbet

sostén
bra

sótano
basement

suburbio
suburb

suegra
mother-in-law

suegro
father-in-law

suéter
sweater

supermercado
supermarket

sur
south

sureste
southeast

suroeste
southwest

sutura
suture

T

tabla de planchar
ironing board

tabla hawaiana
surfing

tablilla
splint

taladro
drill

talco (para bebé)
(baby) powder

talón
heel

taller
shop

tamaños
sizes

tapete
rug

tarde
afternoon

tarea
homework

tarjeta bancaria
bank card

tarjeta de biblioteca
library card

tarjeta de crédito
credit card

tarjeta de gasolina
gas card

tarjeta postal
postcard

tarjeta telefónica
phone card

tarjetas
cards

tarro
jar

tartaleta
pie

tasa
rate

Tauro
Taurus

taxista
taxi driver

taza
cup

tazón
bowl

té
tea

té helado
ice tea

teatro
theater

teclado
keyboard

técnico en televisores
TV repairman

techo
ceiling, roof

tejido
knitting

tela
cloth fabric

télefax
fax

teléfono
telephone

telégrafo
telegraph

televisión
television

televisor
television set

télex
telex

tempestuoso
stormy

templado
mild

tenedor
fork

tenis de mesa
table tennis

tercer año universitario
junior

tercero
third

terminología musical
music terms

ternera
veal

tía
aunt

tiburón
shark

tiempo extra
overtime

tienda
store

tigre
tiger

tijeras
scissors

tijeras para jardín
shears

timbales
cymbals

tinte para el cabello
hair dye

tío
uncle

tipo
guy

tiza
chalk

toalla
towel

toalla sanitaria
sanitary napkin

tobillo
ankle

tocadiscos
record player

tocino
bacon

toma de agua
hydrant

tomate
tomato

tomillo
thyme

tornillo
screw

toro
bull

toronja
grapefruit

tortuga
turtle

trabajador agrícola
farm laborer

trabajo social
social work

traje
suit

traje de baño
swimming suit

transporte
transportation

transporte subterráneo
subway

trapecio
trapezoid

trece
thirteen

treinta
thirty

tres
three

tres mil
three thousand

tres millones
three million

trescientos
three hundred

triángulo
triangle

triciclo
tricycle

trigésimo
thirtieth

trigo
wheat

trío
trio

trolebús
trolley

trombón
trombone

trompeta
trumpet

trompo
top

trote
jogging

trucha
trout

tuba
tuba

tuerca
nut

U

un mil
one thousand

un millón
one million

Unidad de
Terapia Intensiva
**Intensive
Care Unit**

universidad
university

uno
one

uña de la mano
fingernail

uña del pie
toenail

uva
grape

V

vaca
cow

vainilla
vanilla

vajilla
tableware

valle
valley

vaso entrenador
training glass

vegetales
vegetables

veinte
twenty

veintidós
twenty-two

veinticinco
twenty-five

veinticuatro
twenty-four

veintinueve
twenty-nine

veintiocho
twenty-eight

veintiséis
twenty-six

veintisiete
twenty-seven

veintitrés
twenty-three

veintiuno
twenty-one

vela
sailing

venda
bandage

vendaje enyesado
cast

ventana
window

ventana
panorámica
picture window

ventoso
windy

verano
summer

verde
green

vestido
dress

vestido de noche
evening gown

viaje
traveling

víbora
snake

videograbadora
video cassette recorder

vidrio
glass

viernes
Friday

vigésimo
twentieth

vigésimo primero
twenty first

vigésimo segundo
twenty second

vigésimo tercero
twenty third

vino
wine

violín
violin

Virgo
Virgo

vóleibol
volleyball

Y

yerno
son-in-law

yodo
iodine

yoyo
yo-yo

Z

zanahoria
carrot

zapato
shoe

zodiaco
zodiac

zona de hospital
hospital zone

zona escolar
school zone